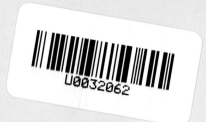

讓手相占卜
為你招來幸福！

卯野TAMAGO

距今10年前——
慢慢走
慢慢走
結束打工正走在回家的路上
到家之後來看漫畫吧~
那位小姐!!
看這邊
請留步~
喂——
什麼呀是在叫我嗎…
緊張慌亂
過來，請過來一下
招手
招手
手相
什麼——是算命師!!
沒錯——就是妳
過來過來
我嗎？
咦？
是我嗎？!
手相
算命
該不會出現這種漫畫裡常有的劇情吧!
妳有很強大的能力!!!
太厲害了!
哇哦~
哇——
機會來了嗎
大概就是這樣吧!!
哇!
怎麼辦呀~

劇情居然是從算命師要我幫他「算命」展開序幕!!
請妳看看我的手相
請問這是？
手相
咦？
伸出
請看吧♡
受到這位老爺爺輕鬆情緒的感染
沒關係— 妳只要看看我的手，把感覺說出來就好了
可是～
不行啦，我沒學過手相，不會看啦～
頂多看過電視節目的介紹，也只知道手相的三條線…
手
我一直盯著手上唯一知曉的三條線
感情線
智慧線
生命線
唔—
—嗯
腦海裏竟然浮現許多關鍵字!!
愛操心
討厭思考
算了，放棄
然後用自己的話告訴對方
嗯—你是那種一旦因為擔心而想太多，反而會想破頭也想不出對策而乾脆「算了，放棄吧」的個性…
哦——
嗯——

嗯！靈感還不錯～大概命中七成哦
厲害！厲害！
太好了，這下能回家了吧
擦汗
那就下禮拜開始來算命吧♡
晚上10點左右過來～
咦？
咦—為什麼！
!?
請問可以算命嗎？
請坐—請坐—
手相
今天想算什麼？
那…那個…
我想問關於感情的事…
算命這種事我不…
結果因為有客人上門，無法當面回絕，就這樣回家了…
怎麼辦，無法當面跟他說我辦不到…
怎麼辦啦—哎喲喂呀—
喀答
喀答

1星期後……
唉～怎麼辦？得跟人家講清楚才行～
算命這種事我絕對做不來啦，為什麼要找我呀？
步履蹣跚
整件事感覺滿詭異的……
我邊想邊慢慢往那個地方走去……
好！這次一定要果斷地告訴他「我不會算命！」然後回家去！
哼
可是……
奇怪？沒有人!!
咦
空蕩蕩——
算命
攤子
算命師爺爺不見人影，現場只留下一個空蕩蕩的算命攤
到底去哪兒了？去上廁所嗎？
咦？
怎麼可以把攤子就這樣丟著不管～
東張西望
信？
手相
算
寫了些什麼呢？
拿起

麻煩妳幫我看店
1小時～
如果有客人上門，
就按照上次那樣
幫他算命看看！
不必收錢！
拜託你了～
怎麼會這樣—幫忙看店？還要幫忙算命！我怎麼可能辦到！
太強人所難了啦—
渾身發抖
算命師的一封信 嚇得我手足無措
不行不行，我還是回去吧
原本就是來拒絕的
沒關係啦，又不是我的店
怎麼辦—
怎麼辦—
慌張
失措
哎喲～可是又不能把攤子丟著不管…
人家還特地拜託我耶
焦躁
老爺爺呀～你到底去哪裡了啦
快回來呀～
是去上廁所吧？廁所吧？
這個人狀況一定很糟吧…
煩惱成那樣…
結果…
反正只要一小時，萬一有客人，就跟他說「算命師剛好不在」吧！
就定位
算命
正當這樣想時
1小時左右應該不會有客人來吧！
緊張
不安
馬上有生意上門
請問～可以算命嗎？
天哪—有客人—
怎麼會～

嗯—
很抱歉，
算命師現在剛好…
正當我抬起頭準備拒絕，站在面前的這位女性
看起來非常落寞
不知為何，「算命師不在」這句話我始終說不出口
啊，
請坐請坐
妳不會算命啦——
喂——!!!
內心的我
太好了——
手相
我想問工作方面的事
總之還是集中精神，先聽聽這個人要說什麼吧!!
與其說算命，我其實只是很努力的聆聽這位女性說的話…
並且說了一些希望能讓她產生「好興奮、好期待喲！」的心情、進而打起精神的話
嗯—
手相
其實我根本不記得自己說了些什麼
只知道拚了老命

說真的，能夠和算命扯上關係的話，一句都沒有。
不過當她離開前
謝謝你，感覺一切都撥雲見日了!!
露出笑容說了這句話時，我真的很開心。
你看，剛才不就是幫人算命了？
現身
發呆——
呵呵呵
算命
笑咪咪～～
哇啊～出現了～
呵呵♡
嚇我一跳～什麼時候站在這裡的？還有，下次別再把攤子丟著不管好嗎!!
真是的
嗯—大概是那位客人進來的時候吧？
什麼！一開始就在這裡了!?
我真的沒辦法啦
今天是來跟您拒絕這項差事的！我真的不懂算命！

剛才不是算得好好的？妳一定會算命，試試看吧！
啊呵呵呵～♥
妳沒問題的！
妳沒問題的！
什麼嘛!!
三言兩語就要左右別人的人生！
會不會算命倒是其次，重點是想不想做！
真的做不來，大不了不做了。但試都不試，一切都不會改變。
相信自己、勇往直前是一種人生，止步不前也是一種人生，要選哪條路就由妳自己決定。
算命時最重要的是真心對待上門的客人，
面對剛才那位女士，妳不是拚了命地與她溝通？
朝著這個方向不斷努力，人生將會變得更加豐富有趣喔！
難得來這世界走一遭，過得有趣一點不是更好♡
豐富有趣的人生是嗎⋯

那麼，下週也麻煩妳囉～♡
咦
你剛才說什麼？
不好意思，那個我…
再試試看吧～
手相
啦啦啦啦
喂——別走啊老爺爺!!
不是跟您說了我不行嗎～
於是我就這麼無釐頭的，每週一次—
事情為什麼會變成這樣啊…？
開始了坐在這張椅子上的算命師生涯。
超閒～
無言——…
手相
算命

前言

……總之，
我是突然決定要在街頭擺算命攤的卯野 TAMAGO。

由於事出突然，驚訝之餘，
在我自己也還搞不清楚的情況下，
展開了占卜師的生涯。

這樣的人生，簡直就像是漫畫或連續劇的劇情啊！
我甚至懷疑這一切究竟是真的、還是我在做夢？
但我爺爺卻輕描淡寫的跟我說：「人生啊，有時候比連戲劇還更加戲劇化呢～」（的確）

我做夢都沒想過自己會成為算命師，但就像爺爺說的，
只要稍加留意，你將發現人生當中有太多機會遇上比連續劇還誇張的狀況。
諸位讀者若願意看看我身為算命師的日常生活，
將是我最大的榮幸。

卯野 TAMAGO

目次

四格漫畫「算命面面觀」
49、60、85、108、130頁

第1章

財運線會說話！

我開始了每週一次，坐鎮攤位的算命師生涯。
啊，對了！
緊張
不安
手相
算命之後不要收取任何費用哦，畢竟妳目前還只是在修行階段。
還有，妳可以叫我「老爺子」~
笑容可掬～
不收錢是應該的，但修行的話，大概要多久呢？
嗯ー大概要算過千人左右吧ー
我先走囉～
什麼
1000人!!
老爺子說完就不知跑去哪兒了。但這種地方應該不會有一千個人上門算命吧？
真是的
心裡才這麼想時
請問可以算命嗎？
啊可以
哇ー我也想來算命ー
哦~算命攤呀~要不要來算一下~
醉
醉
這裡路人還真多啊…

謝謝妳
不客氣～
沒想到客人還滿多的—照這樣下去，說不定很快就能算滿千人了。
呼～
但說是算命
聽對方天南地北的傾訴。
嘰哩呱拉
告訴妳喔
我男友真的很過分
嗯～
喔、是是是
然後靠著僅知的手相3條線給我的靈感，將腦海中的關鍵字排列組合之後說出來
但也會有算不準的時候。
盯～
您會神經質嗎？
完全不會
老實說，沒算準時還滿沮喪的。
既然當了算命師也不能老是坐著，至少要了解手相的相關知識啊！
即使沒收錢也要認真點
算
隔天，
手相手相

自己也要自修一些知識才對！
嗯
嗯
人人都能懂的簡單手相
謝謝惠顧——
這樣應該慢慢就能學會算命吧?!
呵呵♡
在家勤學習…
超認真！
好！已經記住了好幾條線，今天應該可以算得比以前準吧！
哼
喔——這不是所謂的KY線嗎～太厲害了——
喔—嗯—這書裡寫的好仔細～
手相
老爺子!!
好久不見～♡
看來妳應該已經適應囉～
哪有適應啊…只是想說自稱「算命師」坐在這裡卻完全不了解手相，這怎麼行，所以才會想要自修。
唉——
原來如此～靠自修的確能稍微提升能力啦，但妳這個人比較適合以直覺判斷，這個方法最能加強妳的功力。
所以妳被禁止看書自修！
這本書我拿走囉♡
呵呵呵～
人人都能懂的簡單手相

什麼！禁止？
但我並不覺得自己
有什麼直覺呀？
而且還滿常算錯的！
有什麼關係？反正妳還在修行階段
而且妳不是最討厭念書
啊!!
超不愛念書 →
直覺這種東西，通常當事人都不會發覺，妳幫人家看手相時，腦海中應該會自然浮現出什麼吧？那就是妳的直覺！
如果沒浮現東西，就問問手吧！
至於在意的線或其他有感覺的線，我晚一點會教妳～
什麼！叫我去問手？這是什麼意思？
加油～一旦算準了會很開心喔～
掰掰～
我知無不答喔
隨便說點什麼吧！快告訴我啊──！
像這樣嗎！？
問手究竟是什麼意思啊？
手會說話嗎！？
抱歉～請問一下

可以幫我算一下嗎？
請坐—
這個人好可愛唷~
我和交往對象一直有談到結婚的事。
但是，2個月前我們開始同居之後，他就再也沒提過結婚這件事了。
我不知道原因…
這女生長得那麼可愛，男友真是太不惜福了—
這的確會讓人擔心呀~我幫妳看一下手相！
好—
算命
感覺是個個性積極開朗而單純的人…問題究竟是出在哪裡呢~
盯~~
什麼都沒浮現!!
明明看過書了卻什麼也算不出來!!
怎麼辦—
再更努力的直盯~~~
問問手就好啦~
啊!!!
問問手
試試看吧!!
盯—

什麼都好，快點告訴我吧～她是個什麼樣的人？
盯──
咦？
這些線…好令人在意喔!!
好多而且斷斷續續…
表示這女孩錢花得很兇喔…
哇──手說話了!!
太厲害了──
哇啊──
我的媽呀──
怎麼了？
啊，抱歉抱歉，我太集中精神了所以…
沒事！
您還好嗎？!
剛剛那是怎麼回事啊…
之後就如同往常一般腦中浮現關鍵字，我便綜合手相及客人的問題來回答…
您是不是覺得存不了錢，而且花錢花得有點兇？如果是的話，不妨試著量入為出～
啊！對耶…

也許是您的男友發現了這一點吧…
啊~
嗯，應該是…今天回去之後我再和他談談。
真的非常感謝妳，算得太準了!!
呵呵呵
再見
有
手相
算命
有準耶!!
超開心——
手相
露臉
妳看！算準了真的很開心吧？
老爺子！幹嘛突然跑出來嚇人哪！
不過，剛才因為完全看不出所以然，於是問了一下手，手相似乎就自己開口講話了…在小指底下有很多短短的線。
那是什麼線呀？
喔，那是財運線。線條明顯的人很能存錢，相反地，如果線條斷斷續續，表示這個人花的錢比存的還多。
我也有一條明顯的線喔——
這條

原來如此～是財運線啊！不知道我有沒有？
感覺由手自己說出答案，更加表示妳的直覺非常強烈啊～
是嗎？
妳的直覺透過手傳達出來，讓妳以為是手在說話。
很有趣吧～
手相
算
因此，若能夠多看幾個人的手相，妳的直覺力一定會突飛猛進！
書本是沒辦法教妳這些的
而且當場算得準，心裡也特別高興吧♡
！
嗯…的確是滿開心的啦～
雖然我還不是很清楚自己是否擁有直覺力，但算命對我來說，似乎變得有趣多了！
這位小姐要不要算一下命呀～
哇

老爺子的手相講座
第1篇 財運線
如同字面上的意思，
有財運線的人，
表示財產會增加，
能夠存得住錢
財運!!
出現哪種線
表示財運好呢？
啊哈哈哈～
財運線是一條從小指根部往下
延伸的紋路！
可別和隔壁的太陽線搞混囉！
紋路粗而明顯是最理想的～
太陽線
財運線
命運線
感情線
線條淺淡或是斷斷續續，表示這個人錢花得兇，沒辦法守住錢財
相反的，紋路明顯且
出現好幾條財運線，
表示可透過副業或興
趣獲取金錢收入～
具有商業買賣細胞!
判斷財運線時，
通常會同時參考
太陽線（68 頁）
及命運線（107 頁）
喔！
錢財雖重要，
但人氣也很重要喔!!

第2章

名字動起來啦！

從事算命師工作之後的幾個月…
看了各種人的手相
盯——
有時算得準，有時算不準。
看不懂的手相掌紋就求教老爺子。
這是什麼線？
那個啊～
我認識的掌紋，也因此從3條變成5條了!!
感情線
表示當事者的個性！
生命線
可以看出生命力或生活上的變化等等！
太陽線
可以從中看出這個人的人際關係或受歡迎的程度！
婚姻線
表示戀愛及婚姻的狀況
智慧線
表示力量、才能與智能！
你們看～
對算命的興趣也越來越高
好！今天一定要全部算準～
嘿嘿嘿
手相
每次看手相，
這是什麼樣的人!?
快告訴我～
盯——
可能是我認識的掌紋比以前更多的關係吧，手相自己開口說話的情況越來越多了!!
談結婚還早呢～這姑娘對於戀愛完全沒興趣呀！
會得到朋友的幫助!!
哇
這個人一點兒也不果決！想太多反而無法做出決定啊～
嘰嘰
喳喳

你的性格比較適合往國外發展喔～
哇！好開心唷！我一直很嚮往去國外工作呢！
超棒——我最愛大海了，而且我一直有在衝浪呢
可以看到海的地方更好～
腦海裏浮現的關鍵字也逐漸增加…
海
浮現
外國
浮現
照這樣下去，說不定能成為手相神算呢…
萬一
感覺最近算得都滿準的耶～
客人也很高興
謝謝
保重喔～
超人氣的算命大師該怎麼辦～
傷腦筋呀
啊哈哈～
變成大阪之母那樣！
大師!!
呵呵呵呵呵
請您幫我算一下吧!!
粉絲群
嘩——
嘩——
抱歉～打擾一下
怎麼辦呀～
說不定還要上電視呢～

我想請你幫我算命~
怎麼~
驚
啊、什麼事！
手相
我正在煩惱跟男友結婚的事…
咦？
翻找
拿出…
伊藤 洋子
1980.5.10
田中 優二
1980.9.5
想請您幫我們兩人算一下…
不知道將來會是如何…
什麼！難道妳是要我根據姓名及出生日期來算命嗎？
手相！沒看到這裡寫著手相嗎——
手相
拿起
唉——
拜託您了！
因為我很想結婚呀!!
好
好吧！反正最近狀況還不錯，我應該辦得到!!
算算看吧——
妳稍等一下，我幫妳算一算!!

盯————..
盯——
伊藤 洋子
1980
說不定會跟看手相時一樣，字會自己說話
認真看看這些字！請字告訴我答案！
盯…
跳 跳 跳 跳 跳 跳
咦？
跳跳跳…
伊藤
洋子
1980. 5.10
優二
田中
1980. 9. 5
啪
伊藤 優二
而且還打起來了!!
伊藤打了優二!!!
字動起來了——怎麼回事啊?!
伊藤逃走了！優二追上去！
哇啊啊啊
伊藤逃走了
跳跳跳…
伊藤
優二
優二追上去
洋子
1980. 5.

什麼情況呀？太有趣了！字好像有生命力似的！
渾身發抖
啊，又打起來了!!
怎麼了嗎？
優二好可憐喔…
啊、抱歉！因為實在太有趣，突然就晃神了！
咦？
有趣？
沒…沒什麼事啦！
伊藤小姐的家人是不是反對妳們的婚事？
對呀！我老爸覺得我男友不夠好…
算得真準!!
我男友登門拜訪好幾次，老爸就是不肯見他。
伊藤
優
我才不要!!
請見我一面吧～
說什麼不方便見面…
哽咽
所以伊藤才會追著跑呀～
嗯—
今年的婚姻線特別順，而且也剛好進入適合結婚的階段。
太好了!!
錯過這次機會，就會變成晚婚囉……
大概要到50歲才…
天哪！我馬上就結婚！
兩位各方面都十分登對
字也握手言歡了

接下來要兩人一起努力說服老爸！
我才不要晚婚呢！
祝福妳們婚姻美滿!!
謝謝～
打開
喂，老爺子嗎？剛才我看名字的時候，字竟然會動耶！
伊藤逃走後優二追了上去！洋子和優二又和好了！就是這樣！
老爺子有沒有在聽呀？
喔—看來妳的能力還在繼續進化，真是有趣啊～
我說！字會動
音量太大了～～
跟看手相時一樣，其實並不是字會動，而是妳的意念與想像藉由字傳達出來了～
原來是這樣啊～～!!
妳可以繼續看名字算命，這樣會讓妳的直覺功力大增喔～

果…果然如此—!!
我自己也是這樣認為耶~覺得自己真是可怕呀—
燦爛!!
啪—
啊~看來我很有機會變成算命大師，說不定還要上電視呢~~啊哈哈哈~~
啦啦
啦啦啦
但我要先提醒妳，千萬不能因此自滿…有沒有在聽我說話啊！
喂喂—
這傢伙—
洋洋得意的我，某一天…
今天也要鐵口直斷—
應該行啦
狀況絕佳!!
請問可以算命嗎？
喔，請坐！
這個人感覺好可怕…
殺
氣
好…好像滿生氣的耶？

第3章

解說離婚線的技巧

可以算命嗎!!
當然可以，請坐請坐
位置不大就是了
那麻煩妳了
磅咚
算命
今…今天您想算什麼呢？
我老公昨天突然說要離婚，卻不肯跟我說理由！
我一頭霧水，也完全不能接受，而且分手這種事，
就我的運勢來看，也絕對是不可能發生的事！
絕不可能分手——
天哪—怎麼辦？這個人連答案都有了，要怎麼幫她算命呀～
啊！我不能有這樣的念頭！既然坐上了算命師的位置，就得好好幫她算一算！
而且我目前都算得滿順的！應該…
我幫妳看一下手相
手相

自尊心高，別人說的話完全聽不進去，非常任性！
個性神經質～
花錢如流水呀
太糟糕了～
哇，果然非常順！
再多錢都能花得精光～還有，根本就不肯聽別人說話！
滔滔
滔滔
不絕
我認為一定會離婚～
是這樣子嘛—
尾端分叉的大多以離婚收場
根據妳的手相，應該會離婚喔～
這裡很明顯能看出分手…
驚
抖抖
抖抖
拜託——妳剛才都在說些什麼鬼話呀？一點兒都不準！
火大——
到底會不會算命!?認真點算好嗎！
站起
我我我…
天哪—大發火了～怎麼辦啦？
呵呵呵～～
我來幫您算算吧—

呵呵呵～
老爺子!?
快嚇死了—
能為這麼一位美人算命是我的榮幸♡
快讓開
老…老爺子?
嘴真甜♡
坐下
呵呵呵
這位看起來就像個貨真價實的算命師，應該算得比較準，那就拜託你了～
我馬上就幫您算～
……
完全不像算命師的傢伙
手相
老爺子算命時話術果然一流
對方真是有眼無珠～
唉～完全不瞭解這位美人太太的魅力，這種人跟他分手也好啦!!
太太您的人生也會變得更美麗喔!
啊呵呵呵呵♡
呵呵
熱鬧滾滾
剛才明明還氣得要命…
看起來滿開心的…

既然如此，我就跟他提分手吧！
然後好好享受我的新人生~♡
哇—太棒了♡
再見囉
太厲害！太厲害了老爺子!!
那個人笑咪咪的回去了！
薑還是老的辣！
哎呀，還行啦~
畢竟是我親自出馬~
拍手
拍手
拍手
拍手
剛才那個人，我一看她的手相就知道這個人是命中注定會離婚的~
呵呵
妳算得很準喔！
果然沒錯！
呵
只是…
既然未來無法改變，如何讓當事人面對現實就很重要了。
喲呵~♡
即將展開新人生~♫
嗚嗚~
為什麼~
為什麼會這樣~
Good♡
or
Bad
剛才那位太太既然注定會離婚，那就想辦法讓她坦然接受，往正面思考。
因為正面思考的「能量」，能夠為她帶來好運氣！

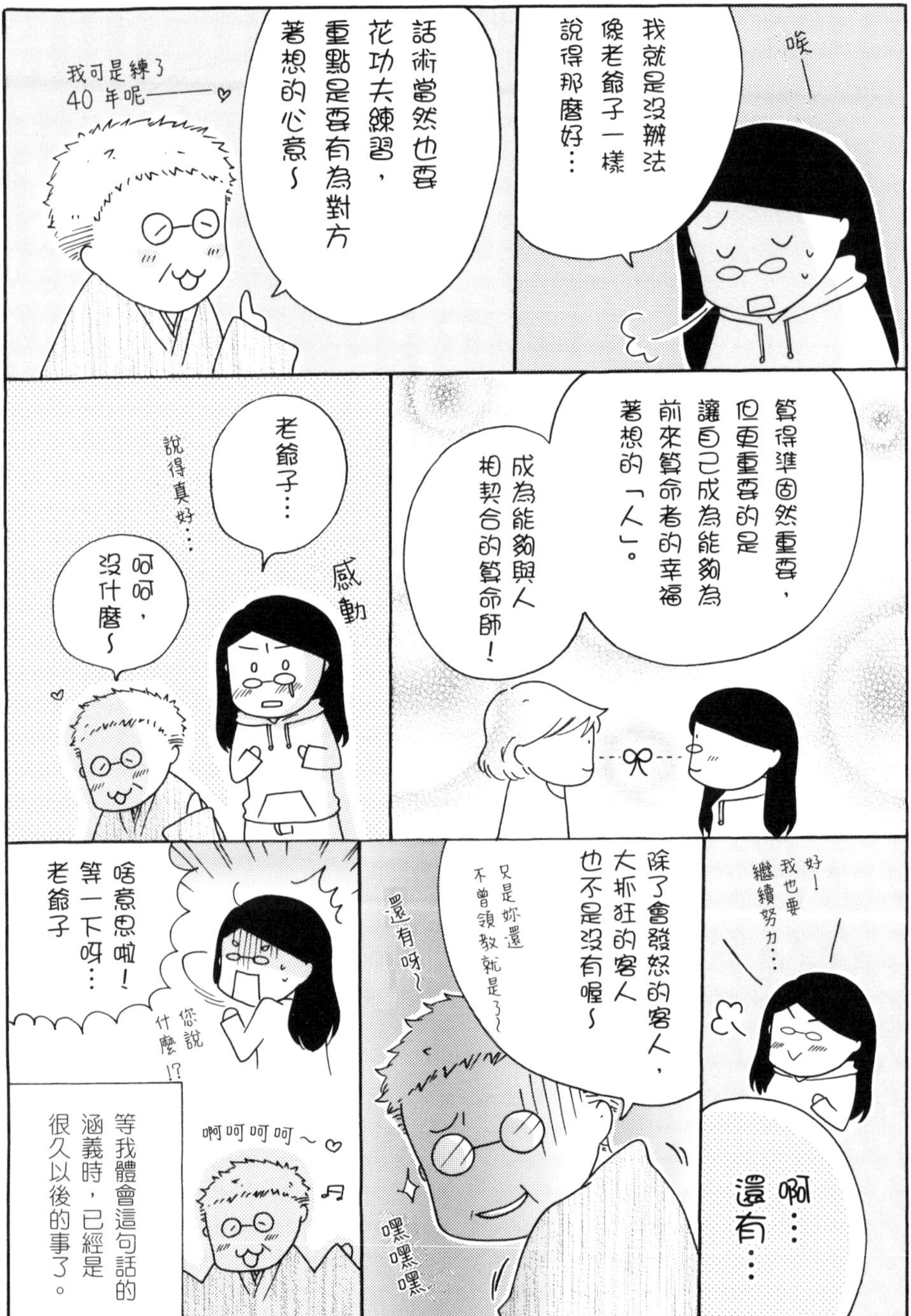
唉—
我就是沒辦法像老爺子一樣說得那麼好…
話術當然也要花功夫練習，重點是要有為對方著想的心意～
我可是練了40年呢——♡
算得準固然重要，但更重要的是讓自己成為能夠為前來算命者的幸福著想的「人」。
成為能夠與人相契合的算命師！
感動
老爺子…
說得真好……
呵呵，沒什麼～
好！我也要繼續努力……
啊…還有…
除了會發怒的客人，大抓狂的客人也不是沒有喔～
只是妳還不曾領教就是了～
還有呀～
嘿嘿嘿
啥意思啦！等一下呀…老爺子
您說什麼!?
啊呵呵呵～♡
等我體會這句話的涵義時，已經是很久以後的事了。

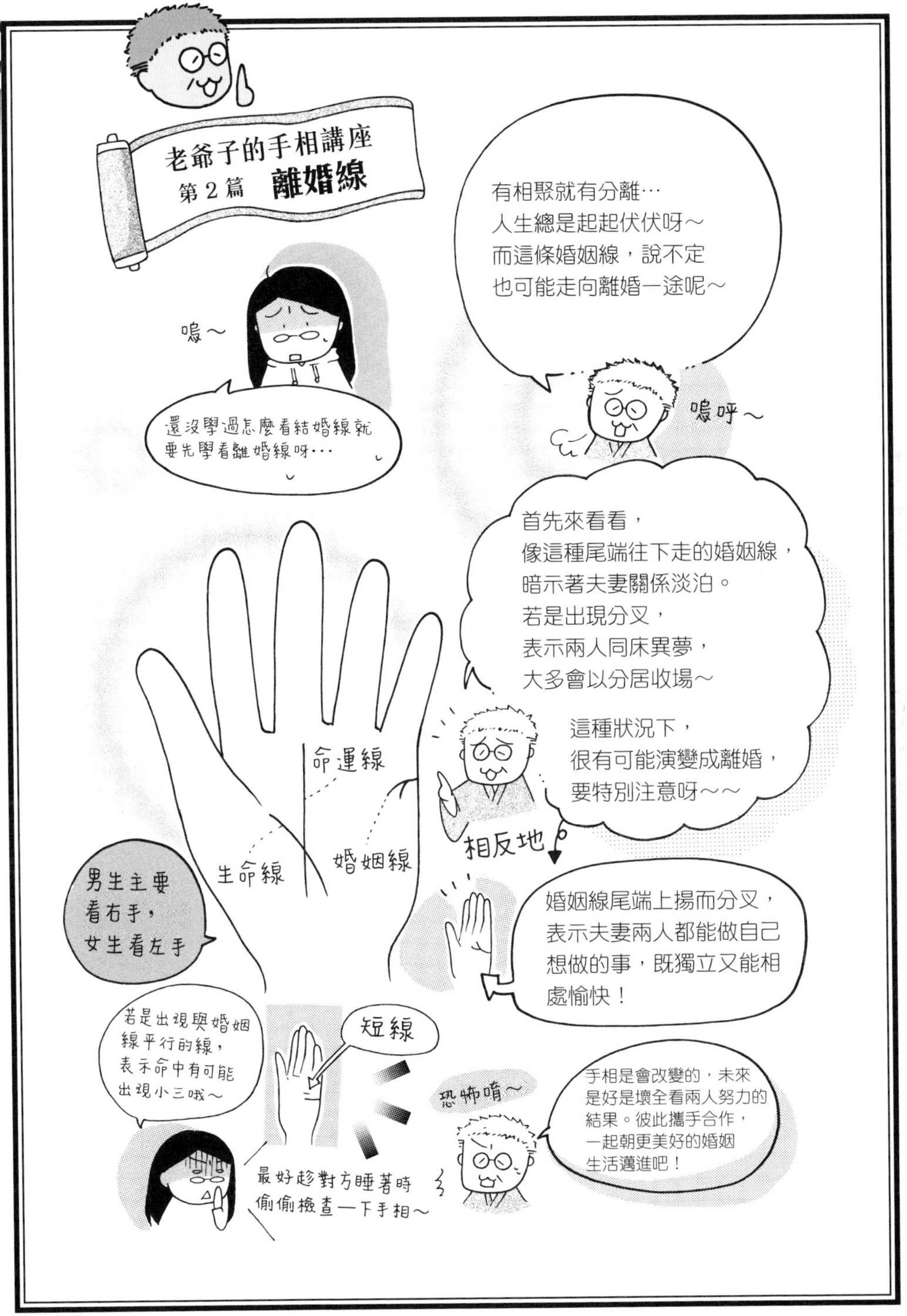
老爺子的手相講座
第2篇 離婚線
有相聚就有分離…
人生總是起起伏伏呀～
而這條婚姻線，說不定
也可能走向離婚一途呢～
嗚～
還沒學過怎麼看結婚線就要先學看離婚線呀…
嗚呼～
首先來看看，
像這種尾端往下走的婚姻線，
暗示著夫妻關係淡泊。
若是出現分叉，
表示兩人同床異夢，
大多會以分居收場～
這種狀況下，
很有可能演變成離婚，
要特別注意呀～～
命運線
生命線
婚姻線
男生主要看右手，女生看左手
相反地
婚姻線尾端上揚而分叉，
表示夫妻兩人都能做自己
想做的事，既獨立又能相
處愉快！
若是出現與婚姻線平行的線，表示命中有可能出現小三哦～
短線
恐怖唷～
手相是會改變的，未來
是好是壞全看兩人努力的
結果。彼此攜手合作，
一起朝更美好的婚姻
生活邁進吧！
最好趁對方睡著時
偷偷檢查一下手相～

算命時要看哪一隻手？

唔…算手相時要以
哪一隻手為準呢？
左手？
右手？
呵呵呵
我看手相時
女生看左手
男生看右手
主要是如此！

左手表現的是內在或潛意識等等偏女性化的部分

女性
男性

右手表現的是自己想要呈現在世人眼前的自我意識等等偏男性化的部分

左手較容易看出
先天的命運
右手較容易看出
後天的人生
但也有算命師
主要看的手是
不一樣的～
滿多算命師
都會同時看
兩隻手！
並不是非看
哪隻手
才是對的！
像我的話也會
左右手都看！

第4章

老爺子的真實身分

每週一次的算命師生涯邁入第2年之際…
算命
除了手相，
我也增加了名字的算命項目。
問手吧！
直盯－
手相
我的生活也出現許多變化…
妳可以看得見氣場嗎？
呵呵
在新的打工場所一見面就問了我這個問題
第一天
什麼？劈頭就問我氣場!!
感覺妳似乎正展開了什麼新的事物哦！
被來算命的客人這樣說～
咦！
只是中年大叔的直覺啦！
連老爺子也…
＊變動期：因為運勢的關係，人生出現了變化。
妳差不多要進入變動期囉，應該會出現一些變化吧～
變動期!?
呵呵呵
變動期呀～會是什麼事呢？難道是與命中註定的人相遇並馬上結婚嗎？
嫁給我吧！
呵呵呵
好傷腦筋哦～
正當我天馬行空胡思亂想之際，真的遇上改變人生的大事件了！

某天，毫無預兆的我突然必須搬離老家，一個人生活……
……
因為家中的某些緊急突發因素，我只帶走了一隻狗、一隻鼬鼠和一卡皮箱
一直以來我都是悠哉地在老家過日子～
啊哈哈～
輕鬆
懶散
啊！電費要去哪裡繳呀？
什麼都不懂
生活白癡的不安，加上一個人的寂寞感讓我天天以淚洗面…
嗚嗚～我不想住這種窄小的房間～
哭哭
啼啼
安慰我的小狗和鼬鼠
6個榻榻米大的單人房
＊大約3坪
而我的算命生涯也起了小變化…
這就是變動期嗎？真討厭～
唉—
手相
算命
呵呵—一個人過日子感覺如何呀？
淚崩
老爺子～
我最近有點忙，沒什麼時間過來看這個算命攤，所以往後妳一個月來一次就好了～

一個人過日子，要加油哦~
唉呀，我真的很忙，那就下次見囉！啊呵呵
什麼!?
站起
等一等呀老爺子，您說很忙是怎麼樣
仔細想想，我到現在還不知道老爺子是做什麼的？
一無所知
只會在這裡碰到他…
算
如今這不是重點，趕快去打工才是真的！
都已經答應了算命分文不取，老實說去打工才真正對我來說有幫助呀！
唉~
總之先想法子賺點生活費吧！
打工機會
於是展開了以打工為主、偶爾插花算命的新生活。
日
點心屋
點心屋
夜
超商
偶爾去算命攤
太累經常打瞌睡
某一天
呼嚕~
趁打工空檔補眠
鈴——鈴——
喂？
惺忪睡眼
啊—是我啦
明天想請妳代替我去算命~地點是XX飯店的OO號房，拜託了~
記住哦~
我有急事不能去——
喀嚓

因為很想睡就隨便答應了。
嗯，知道了～
睡眼惺忪
滋
滋
…
隔天我前往老爺子交代的飯店～
我的老天爺啊…
這家飯店也太太太高級了吧!!!
哇—
穿著平日的帽T就來了…
不好意思，我要去○○號房…
好的，那是位在最頂樓的房間。
請稍等一下
我來為您帶路。
好…的～
天哪…
最頂樓!!
怎可能
怎可能
到了，就是這裡
驚恐
果然是總統套房…
咚
咚
來了！

我聽老師說過了，今天會有人代替老師過來算命。
開門
探頭
驚
哇！是保鏢嗎!?
嗯，是的…請多指教
老師是指老爺子吧?!
我們平時受了老師非常多的照顧，聽他說，今天來的弟子還滿有趣的。
呵呵呵
咦？這個人…
我很期待唷~快請進！
超級VIP!!
媽呀
磅噹
老爺子究竟是何許人啊!?
好想回家喔~
2小時後
叮
筋疲力竭…
搖搖晃晃
呵呵呵~
辛苦妳啦~♡
老爺子！不是說你有急事來不了嗎!!
怒
老爺子也真是的！從沒聽你說過曾經幫這種大人物算命!!

我們在他成名之前就認識了，所以並不會特別覺得他是個大人物呀—
這老頭～
之前麻煩妳來兼差幫忙，妳也一直很努力，所以讓我請妳吃蛋糕吧！
這家飯店的蛋糕很好吃喔～♡
撒花
耶嘿!!
蛋糕耶♡
還是第一次被老爺子誇獎呢……
啊，對了對了!!
說不定還會介紹熟人讓我算命呢♡
從今以後，妳可以像今天這樣外出幫人家算命～
如今算命對妳來說已經沒問題了～
外出…
可以自由外出幫人算命呀～
在咖啡館算命似乎也挺有趣的～♡
也會有像今天這種委託算命的客人～
像今天這種的可不成！VIP我不行啦!!
怒
哎喲～我是真的很忙呀～
哼—
對了！老爺子究竟是什麼人物呀…
算了，去吃蛋糕吧♡
啦啦啦
謎題依舊無解…

老爺子的手相講座
第3篇 直覺線
這種線通常出現在
容易靈光乍現或第六感
特別敏銳的人手上，
因此需要放手一搏的
運動選手或賭徒手上
常會看到這條紋路～
好奇怪唷！
老爺子，
我的手相沒有這條
線耶，這樣可以
當算命師嗎？
當然囉，算命師
手上也常可看到～
呵呵，
別擔心，
妳的木星丘
不是有井字紋嗎～
這表示妳適合給予
他人建議或教導別人！
大部分從事教職
或顧問的人都有
這個手紋，
不少算命師也有。
這裡！
這裡！
木星丘
財運線
佛眼
井字紋
直覺線是出現在
代表直覺、精神
方面的月丘上的
縱向掌紋～
直覺線
月丘
很罕見的紋路～
木星丘指的是
食指下方的突起
區塊喔！
直覺線若是與上方的
財運線相連，
也許你的直覺會幫忙
帶來財富喔！
有些人甚至
連記憶力
都很好哦～
拇指的第一節
關節若是出現像眼
睛的紋路，
代表有很強的
靈感或第六感～
說不定會變成
賭神！

總算…

在家收看談話節目時
今天的來賓是…
你的手真的很大——
覺得有點不好意思耶
緊——
盯——
只要一有手出現，馬上看起手相
啊
而且還整個人往前撲
雜誌上若有手出現也是馬上看
嗯嗯，這種手相呀～
財運不錯耶～
職業病無誤！

我還特地挑今天這個吉祥的好日子來算命！
嘿嘿
是不是好日子與算命其實沒什麼關係耶⋯⋯

第5章

耶誕夜奇遇！手握霸王線的女子

每種生意都會因為旺季來臨而特別忙碌
夏
冰
海邊店家
忙死了
大排長龍~
咻
冬
蛋糕店
買個蛋糕吧
擠
算命這一行也是如此
差不多也該進入旺季了吧~
手相
算命
冬季氣溫逐漸冷冽，街頭四處有音樂流瀉，人們也開始渴望身旁有個能夠相依偎的伴……
嗄~好冷
請問…可以幫我算一下戀愛運嗎？
請坐請坐
因此一到12月，前來算愛情運的客人會變得非常多!!
您的婚姻線很漂亮喔
就只差實際行動了!!
好♡我會努力的
太感謝妳了!!
手相
就在我忙著幫眾人解決愛情困擾時，耶誕夜就這麼悄悄來到…
耶誕夜還要擺攤…這時候還會有人需要幫忙解惑嗎？
嘿咻
準備中
咖答
咖答

耶誕夜真的會有人來算命嗎？
誰知道呢～
咖答
咖答
請問算命是幾點開始？
啊，現在就可以呀…
!?
唔
耀眼ー
那就麻煩妳囉？
光彩
奪目
閃亮
哇！這位客人真是不得了呀
閃閃發光呢！好漂亮唷～
難道是藝人!?
請坐!!
呵呵，謝謝。
閃
亮
哇ー突然覺得好緊張唷～
那麼，我來為您看看手相
緊張
緊張
好
會是什麼樣的手相呢…
興奮～
期待

張——開!!
這…這是…
據說松下幸之助也有的
霸王線!!
閃亮—
我有!
跌倒了就再站起來
天哪…
?
所謂霸王線是…
太陽線
命運線
財運線
這是人、財、運全部到位的手相呀!
由這3條線構成的
最強財運連線!!
王者
長壽
龜
鶴
老爺子也這樣說過~
您擁有非常了不起的掌紋耶!!運勢非常強!
受到眾人的照顧,一輩子不愁沒錢用!!我是第一次看到女性擁有這個手相!
哇~我可要看仔細了!!
這是老闆的命呀!

我在20出頭剛開公司時也曾經聽算命師這樣說過…
之後公司經營得非常成功，不但成長茁壯，員工也幫我賺了不少錢…
哇喔—
是因為這樣所以不行嗎？
公司賺錢當然好，可是我…
即便只有一次也好，我真的很想結婚!!
錢我已經很夠用了!!
今年已經50歲了!!
叮叮噹叮叮噹～
鈴聲多響亮～
…
買個耶誕蛋糕吧!!
我…
真的很抱歉，我以為您已經結婚了!!
50歲!!
沒想到耶誕夜竟然遇到擁有霸王線的人來算姻緣～
我不缺男友，但只要提到結婚，對方就離我而去了…為什麼會這樣呢？
唉—

真是不知惜福呀！丟下如此美麗又多金的女人～到底都是些什麼樣的男人呢？
我幫您看一下婚姻線～
手相
光滑
霸王線
咦…？
揉眼
問問手相吧！
緊盯—
毫無反應——
光滑
你說話呀!!
喂—
有問題嗎？
不行…這手上什麼其他線也沒有，所以手沒什麼話好說的!!
太光滑了!!!
呼—
呼—
抱歉
請問您一直都和什麼類型的人交往？
HA HA HA～
跟著我走就對了!!
當然必須是夠強悍的男人才行囉！
大多是自己開公司、總是展露出「我來保護你」這種強勢作風的人。

但最後每個人都筋疲力竭地丟下一句「我保護不了你」就離開我了…
再見了~
步伐蹣跚
說我一個人也可以過得很好之類的…
這樣啊…
畢竟是擁有完美霸王線的人，對方如果沒有比這更好的線，應該也保護不了她吧~
呵呵呵呵呵
至高無上!!
就連男性也沒幾個人擁有這種掌紋哪…
雖然是個好手相，但比起男人緣，這種掌紋只會讓妳在工作上有亮麗的表現，相對於女性來說，倒是有點強過頭的手相吶！
只適合社長等級的人物啊!!
多少也會威脅到男性的自尊吧…
啊！不是那個意思啦！這掌紋並不是不好
擁有霸王線能夠讓人散發出最大的魅力！而妳最需要的便是找到能夠瞭解這種魅力的人！
沮喪—
太強悍嗎…
知道嗎！
妳不妨這樣想吧？比起「強勢」，或許妳更應該把焦點放在能讓妳安心的人；不是「能夠守護妳」而是可以無條件支持妳的人
比起「有錢人」，溫柔貼心的人或許更適合妳唷？
熱騰騰
回來啦？我做了燉菜喲
像咖哩塊廣告裏的那樣
妳要的是更重要的東西而不是錢
啪
哇!!

這意見真是太棒了！最近我最需要的就是癒療與安心感！我就找有這些特質的男人好啦♡
我也想過養寵物或種些植物呢♡
沒錯！只要遇到這種男性，婚姻線一定會出現！因為手相也是會改變的……
哇～整個人變得跟小女孩似的，真可愛～♡
更加亮眼了
嗯嗯
我會加油的——♡♡
今天真的非常謝謝妳!!
不必客氣啦！
對了，這個送給妳
作為謝禮的耶誕禮物♡
是我們公司的蠟燭喲♡
啊！這怎麼好意思!!
別客氣，這麼冷的天還麻煩妳，謝謝囉！
耶誕快樂☆
這位手中握有最厲害霸王線的溫柔女子，全身散發著耀眼光芒，彷彿聖誕老人
遇到一位超棒的好人……
呵呵♡
耶誕夜孤獨一人
咦!!!
妳好哇！♡

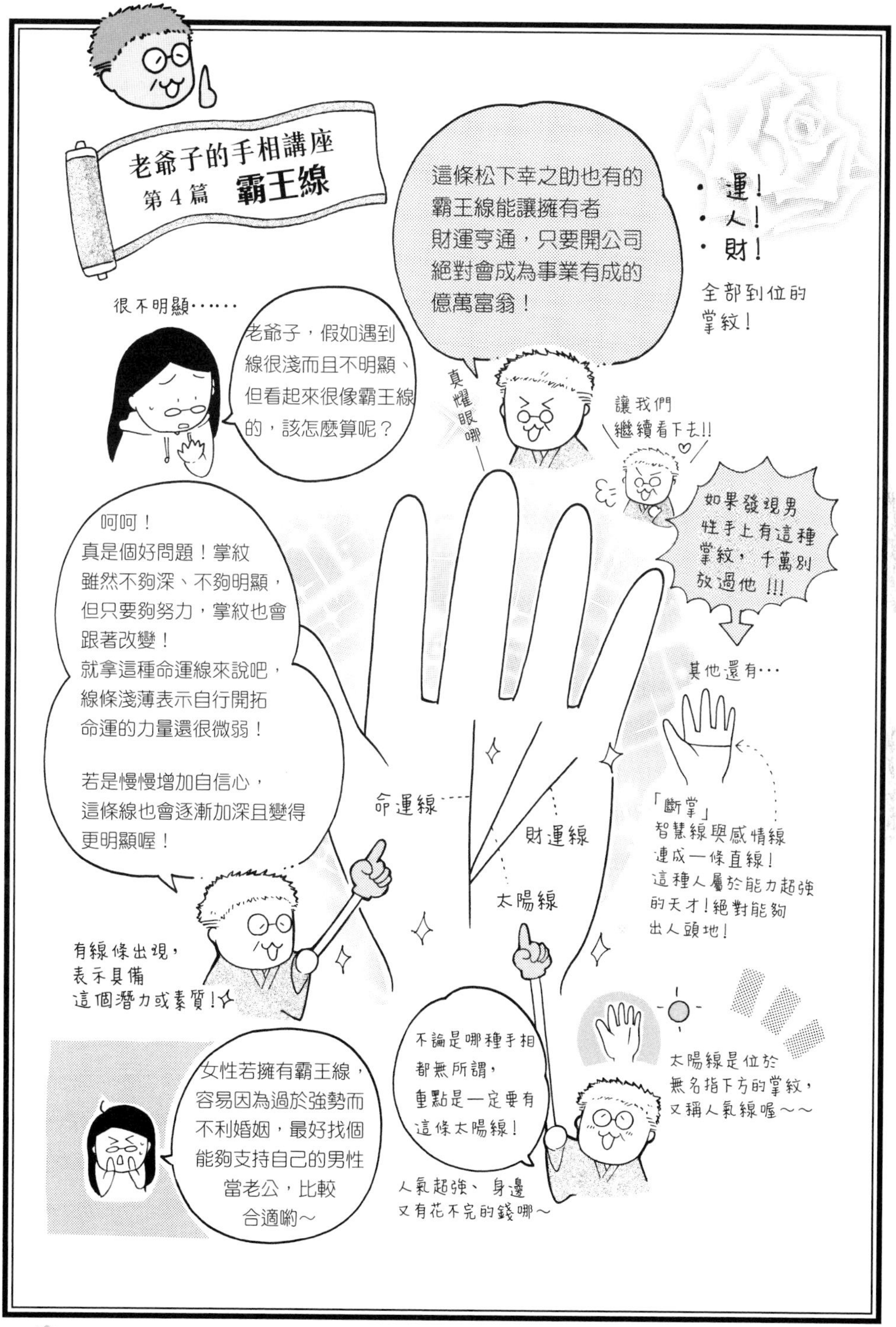
老爺子的手相講座
第 4 篇　霸王線
這條松下幸之助也有的霸王線能讓擁有者財運亨通，只要開公司絕對會成為事業有成的億萬富翁！
・運！
・人！
・財！
全部到位的掌紋！
很不明顯……
老爺子，假如遇到線很淺而且不明顯、但看起來很像霸王線的，該怎麼算呢？
真懼眼哪
讓我們繼續看下去!!
如果發現男性手上有這種掌紋，千萬別放過他!!!
呵呵！
真是個好問題！掌紋雖然不夠深、不夠明顯，但只要夠努力，掌紋也會跟著改變！
就拿這種命運線來說吧，線條淺薄表示自行開拓命運的力量還很微弱！
若是慢慢增加自信心，這條線也會逐漸加深且變得更明顯喔！
其他還有…
命運線
財運線
太陽線
「斷掌」
智慧線與感情線連成一條直線！
這種人屬於能力超強的天才！絕對能夠出人頭地！
有線條出現，表示具備這個潛力或素質！
女性若擁有霸王線，容易因為過於強勢而不利婚姻，最好找個能夠支持自己的男性當老公，比較合適喲～
不論是哪種手相都無所謂，重點是一定要有這條太陽線！
太陽線是位於無名指下方的掌紋，又稱人氣線喔～～
人氣超強、身邊又有花不完的錢哪～

傷腦筋

可以算命嗎？
請坐！
坐下
好可愛唷～
安——靜
請問
請您說點什麼吧
感覺到什麼就直接說
快！
這誰也辦不到吧!?
拍胸

我覺得左肩好沉重，每晚好像都被鬼壓床⋯⋯
是不是有不乾淨的東西在作祟呀？
我的媽呀!!!
看不見看不見!!
我沒有陰陽眼啦!!
這種狀況也很傷腦筋⋯
我最怕這種恐怖的東西了

第6章

光芒四射的
太陽線之女、現身！

老爺子
你可以在外面幫朋友或其他人算命。
這樣跟我說
咦?!
於是我透過朋友的介紹，開始在路邊攤以外的地方算命
在咖啡館之類的地方
她說想請妳幫忙算算跟男友的未來啦~
麻煩妳了~
但比起算命，打工生活依然是我每天的生活重心…
打工快遲到了~
就在某一天
蝦子米果
流口水
有新商品耶~♡
看起來好好吃~
在點心屋打工中
店裏來了一位女性
不好意思
請問這張圖是誰畫的?
我注意很久了
在這家打工的點心屋裏，
貼了不少我畫的插圖。
好滋味
蝦子米果越吃越順口喔!!
大推!雪之家¥168
雪之家
美味全壘打!!
是我們家打工的孩子畫的
是哦~可以介紹給我認識嗎?
哇——
好哇!♡卯野——
跑去哪裡了!

來了～
口水快擦掉
擦
點心屋
我想請您兼差畫插畫!!
這也不錯呀～♡
拜託您!!
點心屋
咦!!
您說什麼！
出現了意想不到的委託…
為了這件差事她因此跑來店裡好幾次
這是您要的插畫
哇—♡謝謝妳!!
耶—♡
馬上就成了好朋友
在收銀機前聊天的3人
哈哈哈
她呀—算得超準的～♡
這孩子也會算命喔！
心屋
真厲害！
是哦！那我也想算算看！
雙眼發亮—
如果妳願意讓我幫妳算的話
太好了—♡
點心屋
收銀機
第一次站在收銀機前算命
請給我看看妳的手
點心屋還在營業中…
好—♡
收銀機

呵呵呵呵~
啊哈哈哈哈
哈哈哈哈哈
閃閃發光
真是開朗的太陽線哪~
笑個不停
妳是不是一開口聊天就沒完沒了?
啊哈哈哈——
呵呵♡
對呀!只要一講電話,可以從一大早講到天黑呢!類似這種情況經常發生哈——
哈哈
感覺是個熱情溫暖的人——
看到需要幫忙的人絕對會伸出援手?
是呀!像是獨居老人,因為放心不下,三不五時還會跑去關心一下呢!
暖呼呼
啊哈哈
大家都很喜歡妳唷
精力充沛加上經常與人見面
體貼又善解人意呀
我認識的人真的很多!!因為我四處跑,所以很多地方都結交了朋友♡
好開心唷♡
明明是家庭主婦卻總是不在家——
如果今後還能繼續認識更多人就太棒啦!!
耶——♡
加油加油!!
當時我還沒看出這個人的本領有多麼神通廣大……
當天在回家路上
唉~累死了……
快點回家吃飯~
頭昏眼花~
步履蹣跚
有簡訊
之前真的太感謝妳了!♡我朋友也想算命,可以嗎?OK的話我明天就帶他去找妳♡
什麼——朋友嗎……就回覆「沒問題」吧!!

隔天
妳好──我把昨天說的朋友帶來了～♡
喲呵──♡
往前靠攏
啊？兩位都要算嗎？我以為只有一位
沒問題，我來算算看
謝謝!!!
拜託您了──
在收銀機前算命
今天謝謝妳的幫忙！♡回去跟朋友說的話，一定又會有人想請妳算命，到時候可以再帶他們過來嗎？
雙眼發亮
兩位朋友高興極了──♡
嗯……如果他們願意讓我算的話…
哇──太開心了！謝謝妳！♡
隨性答應之後
隔天
今天也可以麻煩妳嗎？
喲呵♡
妳好──
今天我帶了幾位老朋友來，可以幫他們算命嗎？
拜託～
結果幾乎每天都
打工下班後
接下來可以請妳到咖啡館之類的地方幫我們算命嗎？
真抱歉
喔，好哇…
帶了好幾位朋友一起來!!
今天人有點多！♡昨天的朋友也帶人來了!!
哈
大排長龍
昏倒

妳不是普通的家庭主婦吧…
這位太太究竟認識了多少人啊…
倒抽氣
可以讓我看一下你的手相嗎？
而且每次看她都是全身閃閃發亮～
吞口水
咦？我嗎？
!!?!
哇
閃光—
好♡
啊哈哈哈哈—
太陽線不但變長，還出現了2條！
變長—
閃亮—
好開心唷～人也更有勁了♡
最近妳是否又認識了更多人？
掌紋居然進化了…
對呀!!每天都會和很多人見面而且都是很棒的人!!
這個女性擁有太陽一般綻放出萬丈光芒的太陽線！
亮晶晶—
我告訴了大家認識了一位有趣的算命師，所以日後還會繼續帶朋友來唷♡
再見！謝謝妳！
再拜託妳了—♡
啊!?
我…
似乎冷落這個攤子好久了…
呼—
算命
很少有客人上門…

喲呵～最近忙著在外面幫人家算命是吧～
老爺子!!
手相
有個精力旺盛的人，手上的太陽線竟然變成2條，實在太驚人了～
不過，是那個人的話也不會讓人覺得意外啦…
喔—太陽線這麼強，想必是位了不起的人喔——
太陽線很容易出現變化～
他看起來真的很煩惱～拜託幫他算一下吧～
不好意思！
我這個人天生雞婆啦～
就是愛管閒事～
了不起的人嗎…
嗯！不管做什麼都拚老命去做，真的很了不起！我也超喜歡她的
呵呵呵
這樣很好呀
手相
會喜歡這種人的妳，想必也擁有漂亮的太陽線～
算命會幫你凝聚人氣喔～
咦！
啊，太陽線變得比以前更明顯了耶～♡
哇—
每天幫這麼多人算命，很不錯呀，也算是一種修行～
修行!!!
看得越多越好～
我都忘了明天又會有一票人來!!
呵呵呵呵—
冥冥之中各種修行接踵而來呀
今天算了4個人…
筋疲力竭

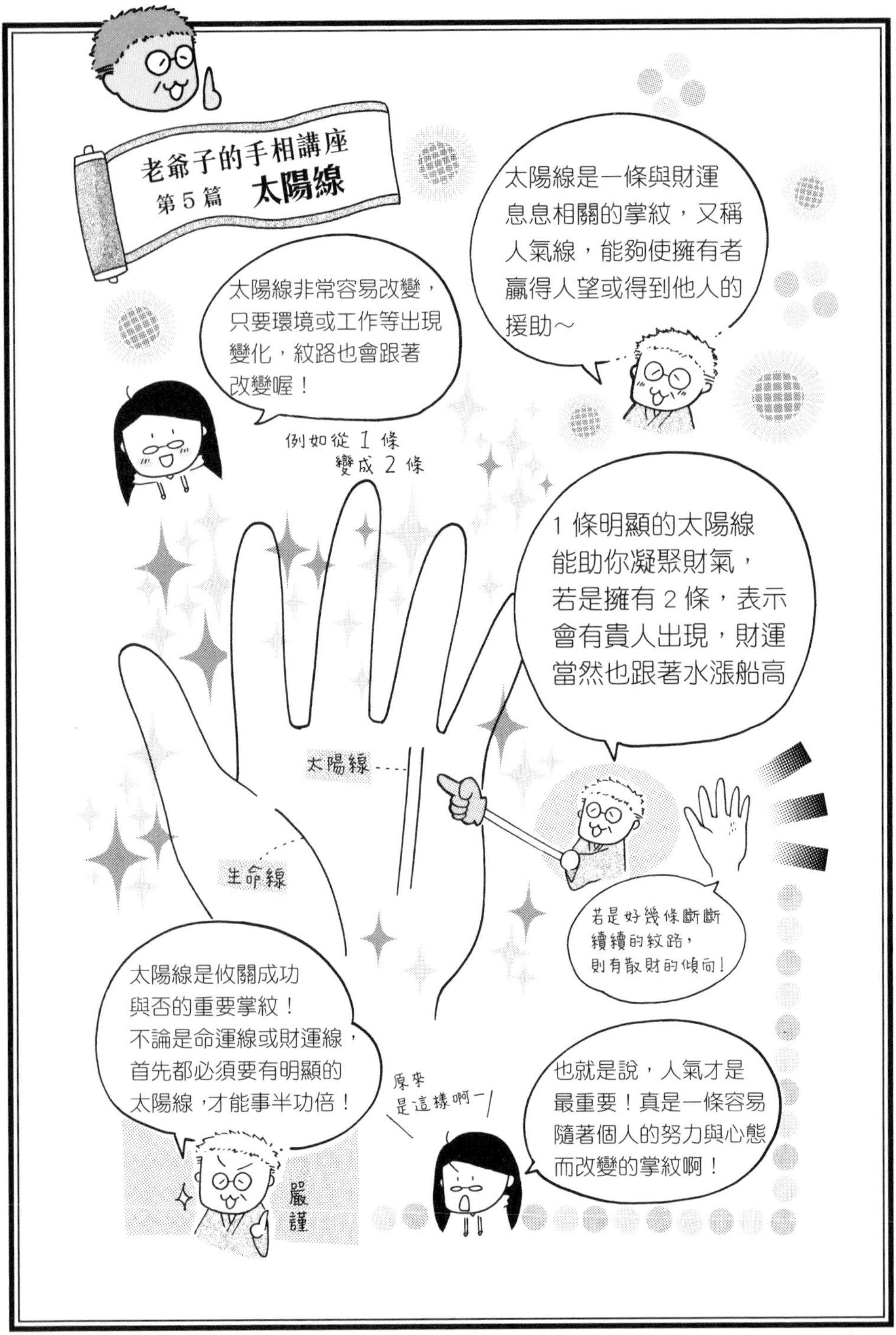
老爺子的手相講座
第5篇　太陽線
太陽線是一條與財運息息相關的掌紋，又稱人氣線，能夠使擁有者贏得人望或得到他人的援助～
太陽線非常容易改變，只要環境或工作等出現變化，紋路也會跟著改變喔！
例如從1條變成2條
1條明顯的太陽線能助你凝聚財氣，若是擁有2條，表示會有貴人出現，財運當然也跟著水漲船高
太陽線
生命線
若是好幾條斷斷續續的紋路，則有散財的傾向！
太陽線是攸關成功與否的重要掌紋！不論是命運線或財運線，首先都必須要有明顯的太陽線，才能事半功倍！
嚴謹
原來是這樣啊～
也就是說，人氣才是最重要！真是一條容易隨著個人的努力與心態而改變的掌紋啊！

第7章

負能量之「氣」引發大危機

唉～得出門打工了。
睡眼惺忪
離開了老家開始一個人生活的日子，
9:00～16:00
點心屋
早安～
早啊～
準備開店
獨居生活大不易，每天都過著除了打工還是打工的日子。
快遲到了!!
衝—
18：00～23：00
便利店
而廣受好評的算命委託工作也逐日增多…
打工結束後去連鎖餐館算命
0:00
嗶
不管再怎麼節省，這個月的支出還是超出了10萬日圓呀～
打工真的很累耶～
唉—
一個念頭突然閃過
如果算命也能收錢就好了～
但因為我已經答應老爺子，算命分文不取了…
還是早點睡吧……
不行不行
打哈欠

隔天
咦？怎麼覺得全身無力……感冒了嗎……
肢體僵硬
關門
但還是要去打工啊！
當晚
哈啾!!
24
唉～我真的感冒了～可能是最近打工後經常要去算命，因此睡眠不足吧！
啊哈哈哈
還可以！
你還好嗎？
今天早點回家睡個飽吧！
咳
咳
明天還有辦法去打工嗎？算了還是先睡吧…
是誰啦－這麼晚了還打電話來～能不能讓我好好睡上一覺啊～
明天晚上可以拜託你幫忙算命嗎？我很煩惱跟男友的事…
打開
關掉

真受不了！又沒跟你們收錢，幹嘛非幫你們算命不可呀!! 老是找我算
毛
我這麼拚命地想辦法一個人活下去…我的寂寞與無奈又有誰能了解…
我也想過幸福的日子啊…
一個人生活的辛苦加上日以繼夜的打工，已經將我的身心折磨得不成人形…
嗚～
唉…好疲倦喔～我看減少一點打工好了～可是生活費該怎麼辦～
發呆——
卯野小姐!!
我們隔壁公司的人說想請妳幫她算命啦，但我看妳好像身體不太舒服？
點頭
怎麼辦？拒絕掉好了？
沒關係啦！
結果還是說出這句話來了…
唉—
我看一下妳的手相
好…
咦？奇怪，沒有掌紋？
抖
這是什麼奇怪的感覺呀…

我真的好累
好痛苦…一點也不開心…
請問…妳最近是否覺得很疲累…甚至有尋短的念頭？
!!
呵呵呵…妳好厲害唷，看看手相就明白一切了
最近早上很不想起床，做什麼也提不起勁…連活著都覺得累…
這樣下去可不行!!一定要想辦法讓她振作起來!!
我已經放棄一切了
說些什麼都好——快點給我一點靈感哪!!
隱隱約約～～
浮現
辭掉工作吧!!
咦？
對！就是這樣!!
把現在這個工作辭了去遊學!!妳有沒有什麼想學的東西？

其實我很想加強外語能力，一直在存留學基金…可是我已經漸漸提不起興趣了…
那是我的夢想…
好像這樣下去也無所謂了—
找到正確的切入點也很重要!! by 老爺子
別說什麼這樣下去無所謂的喪氣話！這種想法不對!!妳應該毅然決然辭去工作，好好計畫並實現妳的留學夢才是!!
既然有夢想就要採取行動!!一定會有好事發生的!!
人生只有一次，好好去實現妳的夢想吧！
聽到沒!!
妳說的對!!
我馬上辭掉工作留學去!!真是一語驚醒夢中人吶!!
太好了~回復精神了…
一路順風哦—
太感謝妳了!!
腿軟
怎麼回事!?
突然全身虛脫…

第8章

那一夜，
我找到了未來

這是怎麼回事…
我的氣力好像瞬間從體內被抽離，一陣虛脫讓我驚慌不已～
滑下—
癱軟
天吶!!
妳怎麼啦～～
臉色這麼蒼白～
←店長
我自己也搞不清楚是怎麼回事，虛脫感揮之不去，每天幾乎都在發呆…
傻—
呆—
但打工時還是有認真做事
呆—
老爺子也
算命也要適時休息，身體不舒服，老實說就好啦～
嗯
好
大多沒聽進去
唔～～嗯，精神似乎好一點了～
呼哈
一星期後，總算回復了！
♪
去了好久不見的算命攤，老爺子正坐在那兒～
唷呵♡
手相
咦?
看來妳已經恢復元氣了～

妳之前每天被打工與算命忙得團團轉，才會累倒了。
除了身體，妳的情緒也很低落，看來是被心情消沉的人影響了吧～
您是指之前那位女性嗎？
沒錯
想想是否曾經一靠近正在生氣的人、自己也變得很易怒？「氣」這種東西是很容易移轉的！
哼
移轉
隨便你!!
被妳的消極情緒吸引而來～
「氣」很容易轉移！
消沉——
對方的痛苦與煩惱就全部轉移到妳身上了。
搖搖晃晃～
通體舒暢♥
丟
發呆——
向妳傾訴完內心的苦痛後對方立即神清氣爽～
痛苦轉移
精氣神抽離
也許這次只是巧合，但即使算命時收費
往後還是有可能再次遇到那種活得很痛苦的人。
是非常可怕的客人喔
但我會盡己所能把妳培養成一位專業的算命師。妳應該有自己的夢想吧？有想做的事情吧——
仔細想清楚吧
想做的事？夢想…

平日嘻皮笑臉的老爺子竟然變得這麼嚴肅…嗯～想做的事情嘛…
從小我就喜歡畫畫——
念書時曾經想當個漫畫家
長大後
最愛看漫畫！
但不知何時放棄這個夢想了～
唉——
BOOK
好久沒買漫畫了，買一本吧
最近都沒看
喀啷
打開
不不不，這是自我投資的必要支出！
連這種錢都要省還算女人嗎?!
快去吧!!
一餐不吃不會怎樣啦～!!
看書真是太幸福了！如果我也能畫出這種書，一定超開心的！
BOOK
轉身
想做的事情…

就是這個!!
對
驚醒
雖然已經忘記了，但我的確也懷有夢想呀！
嗯！我其實還是很想畫畫
有種身心舒暢的感覺!!
雖然已經是半夜了
好──重拾畫筆吧──
?
隔天
呵呵呵～看起來好好吃喔～
點心屋
抱歉打擾了～
咦？你是前陣子隔壁公司的……
點頭
怎麼啦？難道又發生什麼事了？還是很想尋短嗎……
緊張
我精神好得很
不是啦，我是來向您道謝的♡
道謝？
是呀♡我前幾天辭掉工作，下禮拜就要去留學了!!
下禮拜!!
那天承蒙您願意傾聽我的苦悶，也給了我莫大的勇氣！真的很高興有您為我算命。
啊
方便的話，可以讓我再看一次您的手相嗎？

閃亮✧
發光✧
哇啊～掌紋變得很明顯耶!!
你放心！一切都很順利的進行當中!!
謝謝你！♡
喂，老爺子嗎？
嗯～我找到想做的事情了！既然有夢，我就會努力讓它實現的！
不過，
今後算命我還是照往常一樣不收費。
嗯，真的不舒服我會拒絕對方的——
因為我真的很喜歡算命，整個過程讓我非常開心!!
什麼？
算命對我有這麼大的幫助？那麼我就更開心了～
哈哈哈——
我要去打工了，先這樣囉～
嗶
「總有一天，算命會助你一臂之力～」
嚇
喝——我要更努力唷——!!
實現我的夢想——

拜託教教我吧！Q & A

想問什麼盡管問！

嗯——

Q 大家都是隔多久算一次命呀～？

我是不是也該去讓人家算一下～～

妳自己是算命師，卻不怎麼愛算命呀…

A 這個要看個人啦，一般人大多是一年算 2 次，問問上半年與下半年的運勢～

有想問的事情時去算命最好～

又變化了!!

Q 手相通常多久會改變？

算命當下掌紋就出現變化的也大有人在！

A 手相會隨著情緒與行動產生變化！除了運勢，當下的自我狀況也會如實呈現於手相上喔！

會依照自己的作為而逐漸改變!!

拜託教教我吧！
Q & A

唉～

Q 算命時如果聽到的不是好消息，該怎麼辦？

算命師說我下個月可能有血光之災！

算命這種東西，有時算得很準，有時也會算不準啊！

A 聽到壞消息的確很難釋懷 !! 不過，一旦算命師提醒妳該注意○○，只要多留心，應該就能順利迴避了！

今天是月圓耶～

Q 新月或滿月會影響算命的結果嗎？

A 占星時通常會參考星星或太陽的動向，占卜時也會觀察月亮的變化～

但這些和我們看的手相並沒有相關性就是了～

★ 據說新月或滿月時靈力較強，這一天許願會比較容易實現♥

向月亮許願 !!

新月時不妨把願望寫在紙上 !!

滿月當天記得把錢包整理乾淨！可以提升財運哦～～

★ 新月具有較強的啟動能量，非常適合許願喔♡

希望這次的考試能夠順利通過 !!!

重點是寫下希望達成的願望！可以寫出 2 ～ 10 個願望，實現的機率會比較高♡

清空

把錢包收拾乾淨

搖搖

朝著月亮搖晃你的錢包！

提升財運的儀式！

請問老爺子，我知道算命的形式有很多種，但是否有相對應某種困擾合適的算命類別？
呵呵
喔！！這個問題問得好！當然有囉！
有些人也會針對問題的類型選擇不同的算命方式！例如這次算塔羅牌、下次看手相之類的…

教教我吧老爺子 按照問題找出最合適的算命類別

可以找出適合自己的算命方式～

想知道的內容

- 1 整年的運勢
- 屬於自己的好日子
  （請算命師幫忙找出搬家或求婚等重要時刻的最好日子！）
- 換工作的時期

↓

[四柱推命]

透過出生日期（出生時間）算出當事人的年度運勢等等
（可以了解容易生病的年份之類的問題）

想知道的內容

- 自己的個性
- 結婚冠夫姓後的運勢
- 孩子取名命名
- 與情人的關係
  （對方的個性等等）

↓

[姓名學]

透過姓名筆劃來算出當事人的運勢或個性

想知道的內容

- 目前的運勢（狀況）
- 有戀情或姻緣出現的時期
- 財運（與工作相關）

[手相]

透過掌紋來推斷當事人的運勢

其他還有…

想知道自己的前世可以選擇 **[通靈算命]**

想知道情人的內心想法時可選擇 **[塔羅牌或水晶占卜]**

想徹底了解自己的性格時可選擇 **[西洋占星術]**

↑對人際關係有困擾時也很推薦這種算命方式喔♡

來去算命吧!!

建議大家前往算命之前，
最好先培養這樣的心情或準備好這些物品♥

強烈建議算命之前
先預約!!

大排
長龍～
算命
這麼多人

如果是超人氣的
算命師，有時連預約
都困難重重呀…

請抱著「不知道算命師會
怎麼說耶～♥ 」
的期待心情前往算命吧！
好心情會為你帶來
好運氣哦♥

[服裝]
很多人都以為
「是否該穿某個顏色的
衣服去比較好？」
但其實只要是平常的
穿著即可!!

[最好一起帶去的物品]
先確定好自己的出生日期
與時間吧！有出生時間，
算命的準確率相對也會
比較高。你可以問問媽媽，
或者去查閱親子手冊♥

※ 即便只知道是幾點左右出生
也行！

也可以順便一起帶去的其他物品！

算命時想知道的內容清單

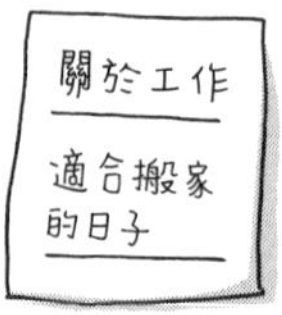

關於工作
適合搬家
的日子

事先把想問的
內容寫下來就
更方便了♡

不曉得該搬去哪一間
才好時，可以把房子的
隔間圖或地址帶去，
請算命師看看哪個方位的
房子比較合適

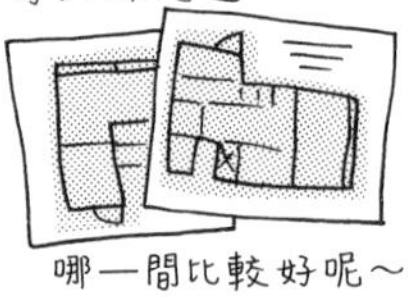

哪一間比較好呢～？

要詢問關於個性之類
的問題時，
可能的話請把對方的
出生年月日寫下來，
帶去給算命師看！

我喜歡的對象
山田 太郎
1980年6月2日
19：00 左右出生

幸運物

（譯註：日文的豬排與勝利、咖哩與男友的發音相同）

記得當初我也是吃了豬排咖哩飯就順利通過考試了

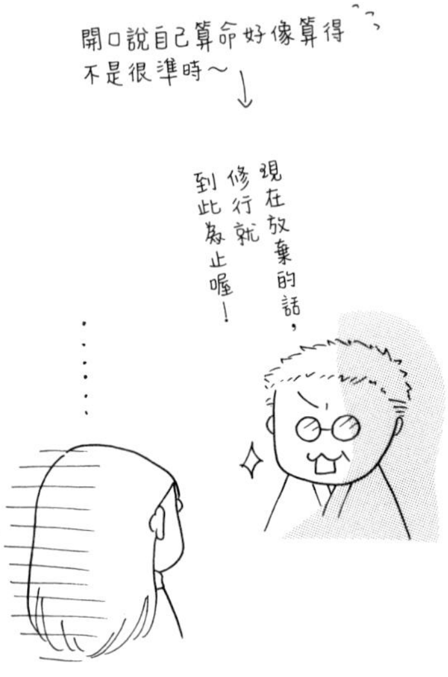
開口說自己算命好像算得不是很準時～
現在放棄的話，修行就到此為止喔！
……

第9章

以物品
支付算命費用！

雖然決定要重拾畫筆，完成一直以來的夢想。
黏
貼
我要成為插畫家!!
好
事實上我還是過著天天打工的生活。
晚上在便利店
一共是631日圓
當然也有繼續看手相…
手相
算命
每天都有好多事情要忙，根本沒時間畫畫！
呼嚕
我是個容易入睡的人
唉～昨天也什麼都沒畫～
吸
要不要只打一個工就好？但生活費該怎麼辦～
唔——嗯
咬
我的生活狀況
支出
房租 5萬日圓
水電瓦斯費 1萬日圓
電腦、手機 1萬5千日圓
餐飲費 2萬日圓
雜費 5千日圓
合計 10萬日圓
收入
點心屋 10萬日圓
便利店 3萬～4萬日圓
合計 13萬日圓
真氣人!!
房租太貴啦!!
還有
轉頭
可愛的孩子們伙食費要1萬日圓！
這樣一來支出就要11萬日圓…
現身
搖
搖
搖

所以
收支差不多打平而已呀!!
啪
沙
搖搖
晃晃
糟糕！得快點去打工才行!!
雖然很想畫畫
早安～
早呀～
甚至把夢想放大—如果能畫我最愛的圖文書…
哇！有這種比賽呀～
很想參加圖文書比賽
可是截止日期就快到了，我卻什麼都還沒畫，這次應該來不及了～
但如果我什麼都不畫、只會拿來不及當藉口，到最後一定什麼都完成不了…
握拳
唉唷～可是我得打工，真的沒時間畫啦～
難道我就這樣靠打工過一生嗎!?
這絕對不是我想要的!!
驚

好—要振作要振作!!
喝
站起
傻眼—是吃壞肚子了嗎⋯⋯
我決定減少便利店的打工時數，晚上的時間拿來畫漫畫。
可是⋯
抖抖抖抖抖
減少打工時數的下場就是生活更加拮据了!!
看來還得減少飲食支出才行啊～
存款簿
我不是說你們啦!
乖乖
嗅
原本就沒什麼東西的冰箱變得更冷清了⋯⋯
打開
什麼都沒有～
窮困潦倒時的堅強盟友!!
羊栖菜 & 蘿蔔乾 !!
超下飯的♥
營養豐富又能放上一陣子的乾貨是我的最愛♥
不過我最愛的還是高野豆腐♥
我的美味窮人餐!
超大炸蝦⋯
雖然超想吃炸蝦飯，
卻沒錢買蝦子⋯
這時候不妨來碗炸麵渣飯吧!!
超市熟食區賣的炸麵渣
洋蔥
醬油
めん
全部放進去
敲開
打一顆蛋進去
攪拌
炸麵渣飯完成!!
麵渣吸滿了醬汁、超好吃～♡
如果有櫻花蝦或竹輪，一起加進去就更好吃了!!
大推♡
但最省錢的方法還是
睡覺!!
呼嚕
縮成一團
明天快點來吧

每天就這樣過著縮衣節食的日子，某天算命時——
謝謝您～
不客氣
咕嚕咕嚕
咕嚕咕嚕～
啊
驚
咕嚕嚕嚕…
啊
飢腸轆轆的聲音…
那麼再見囉…
一路順風～
好糗喔
肚子好餓喔～可是沒錢～
沮喪～
咦？怎麼有一股好香的醬汁味♡
聞聞
要不要來盤章魚燒——!!
一盤300日圓
滋滋
哇～看起來好好吃!!真想吃吃看剛做好的～
不行不行！我沒有錢啦！回家吃稀飯吧!!
打消念頭
請問一下？
咦？妳是剛才那位…
不嫌棄的話…
沙沙
這個請妳吃
雖然只是便利店買的
熱騰騰～～

什麼!? 真的可以給我吃嗎？
對呀，別客氣！剛才麻煩妳幫我算命
哇
好棒喔——！超開心的♥ 幫人家算命真是好呀——
啊
可是我能夠收下來嗎？雖然不是錢…
咦？肉包？收下來無所謂呀！
食物轉變成能量之後便消失了，沒問題～妳花了這麼多精神在算命，肚子應該也餓了吧～
眼鏡呢 眼鏡
太好了!! 可以吃肉包耶～
唷呵
這時候的我
超好吃——!!
現在雖然還不能收錢，但收取食物是沒關係的。
大吃一驚——！
請簽收
大包
甚至有人送來一大袋米
或者是蔬菜
有人會帶甜點來給我
這餅乾是
太開心了!! 哇♡
我肚子裡那隻飢餓蟲也因此不再撒野了。
這餅乾好好吃喔♡
猛搖尾巴

第10章

擁有完美手相的人出現了！

一個人獨自過著經常處於拮据困苦狀態的日子……
滋滋作響——
好想吃漢堡…
午餐就只有一個麵包
超想睡還是得去打工～
搖搖晃晃
咕嚕咕嚕——
睡覺最省錢！
唉～如果能有更多錢的話～
乾脆自己畫一條財運亨通線好了～
＊沒有的線就自己畫
我畫
超淒涼
最近常三不五時盯著自己手上財運線看的我
緊盯——
沒出現
手相
沙沙
喔，有算命攤？
超市
反正時間還多，來算一下好了
眼前站著一位放下購物袋～的家庭主婦
超市
啊，請坐，袋子也全部放下吧！
謝謝妳！因為實在太便宜，結果就買了一大堆——真是重呀——
衛生紙也超便宜～呵呵呵呵
算命

我從沒讓人家看過手相呢，好緊張～
呵呵…
我只是個普通的家庭主婦，手上應該不會有什麼了不起的線啦～
我幫您看一下喔
的確沒有什麼很特別的線…
但這個掌紋也分布得太均衡了吧！
簡直可以說是非常「充實」呀…
閃閃發光～
光彩亮麗～
明明只是個普通家庭主婦卻…
連太陽線也有
尤其是這條財運線…
好羨慕唷…
請問～您是否有在做買賣呀？
開公司之類的
我嗎？沒有啊～只有兼差打工而已！而且老公也只是個普通上班族。
妳真愛開玩笑
啊哈哈哈
那…是不是有中樂透？
怎麼可能
咦？太奇怪了～
或者從事股票投資之類的副業大賺一筆？
通通沒有
沒有
蕪菁倒是滿常吃的啦～
哈哈哈
手相
算
（譯註：日文的股票與蕪菁發音相同）

這實在太奇怪了～
我的手相顯示我很有錢嗎？
也不是這樣說，您的財運算是中上，但從手相看起來，您在某些部分非常「充實」
喔，妳看的手相還滿準的！
哇—♡
什麼！
很準!?
我說給妳聽
我呀～是個普通的家庭主婦，和老公及兩個兒子一家四口住在一起，
為了籌孩子的學費於是去打工，晚上就回家煮飯。
每天忙著盯兒子的課業焦頭爛額，還不停抱怨老公為何遲遲無法升職加薪。
每天都處於焦躁狀態呀～
手相
不過我兒子今年終於出社會，2個都已經搬走了。
原本想說既然不必再貼補學費，就把打工辭了，但我老公說賺點零用錢花花也不錯呀！
大兒子去年就搬了
草裙舞
我把打工賺的錢拿去學一直很想有興趣的才藝，因此交了新朋友，偶爾還會去追星湊熱鬧呢！呵呵～
五月天
哇—
阿信～
超開心

在家的那位很不愛說話
老實說，我一直擔心家裡只剩我和老公兩人該怎麼辦
但他告訴我，去做想做的事就好，他自己則一如往常為一家人繼續打拚。
我能過著如此充實的每一天，真的很感謝他呀！
看來我的婚姻緣還滿好的♡
呵呵
真是令人羨慕的一家人吶！
好棒的家人喔！
呵呵呵，謝謝妳的讚美♡
…
啊！已經這麼晚囉!!
得快點回家煮飯才行!!
太謝謝妳了，聊了這麼多真的很開心！
沙
沙
超市
我也好想擁有一個溫馨的家庭喔~
幻想~
但是很奇怪耶!?明明不是有錢人，為何財運線這麼閃亮呀!?
而且紋路超清晰
驚醒
手相
去問問老爺子吧…
嗶
老爺子
090××

這樣啊——但有財運線其實並非表示很有錢喔~
呵呵——
是這樣嗎!?
我都不知道呢!
我認為不停在賺錢的人手上也可能出現!!
金錢的定義，對每個人來說都不一樣
當然有錢人的手上也會出現啦~
妳眼中的大錢，對我來說也許並沒有什麼了不起。
即使賺的錢和以前一樣多，當情況或心境改變，對金錢的價值觀也會產生變化喔!
就拿妳來看吧，一個人生活之後，金錢觀也跟著改變了吧?
你這樣說也沒錯…
對我來說，現在就連100日圓也是一筆大錢呀~
重點不是金額的多寡，而是這些錢能為妳的生活帶來多大的滿足感，這些錢能讓妳覺得幸福，財運線自然也就浮現了~
現在非常開心喔♡
這位客人手上還有其他明顯的線吧?太陽線之類的?
仔細回想真的有耶，她的掌紋其實非常均衡呢!
唉…妳這傢伙心裡老是想著錢，所以才會只注意到財運線吧…
啊!!
依然很缺錢的我…

第11章

mai pen rai!
擁有清晰筆直命運線的泰國女子

決定重拾夢想的我，
我想畫這一類的圖～
圖文書
白天打工
謝謝惠顧
晚上畫圖
完
完・成・了!!
太棒啦～
打哈欠
參賽作品終於完了!!
幸好趕上了～
呵呵呵
請保佑我得獎啊！
雙手合十
但現實是殘酷的，
我並沒有得獎
這結果，
我還那麼有自信的說～看來我還是不行啊～
讓我深受打擊…

我完全喪失了自信心。
妳還好吧？
呆～
點心
像具人偶
完全提不起勁
算命
好累喔～看來不論我怎麼努力都沒用啊
唉—
夢想無法實現，該如何是好？
誰也不知道將來會變得如何…
這裡有在算命嗎？
糟糕！有客人！
驚醒
啊，有在算命……
哇!!

我的老天爺！是個外國人！
那個…yes…不對不對…of course…也不對……
我會講日文啦！
驚慌失措
笑
手相
太好了！
呼
我想成為醫生，特地從泰國來到日本…
什麼
想成為醫生!? 好厲害！所以妳還是個學生囉？
遠從泰國來!!
我家沒什麼錢，所以目前在日本工作存學費。
希望明年能夠入學
大老遠跑來日本，很辛苦吧?!
不過我很喜歡日本唷！
パッ
算命
我曾經在電視上看過日本人種米的節目…
下雨天也不偷懶
每天都為了當下的工作認真付出！老婆婆說：「腳踏實地工作，一定能獲得飽滿的果實」，
聽到這句話，我真心認為認真的日本人真的很了不起！

呵呵～是這樣嗎——
那時候我就下定決心要去日本！非去不可！
臉紅
突然覺得很害臊…
手相
我要在日本認真讀書，完成小時候想要成為醫生的夢想。我相信只要「腳踏實地」努力，夢想一定能實現，就這樣說服母親來到了日本。
真是了不起呀～
手相
一個人在異國生活一定很辛苦，但為了追尋夢想…
這麼做不但要花許多時間，也許還要承受許多痛苦，萬一夢想無法實現…
手相
握緊
這…
我…
我該說些什麼呢…
mai pen rai！
呵～
這是泰語「沒關係」的意思！
笑
笑
在日本，不論是念書還是生活都不容易!!但如今面對的是自己選擇的挑戰，即使未來一切不是很順利，
到時候我會告訴自己沒關係！現在勇敢面對挑戰才最重要！

如今面對的挑戰…
妳不也是獨自在這裡幫人家算命嗎？很厲害耶！
我很驚訝呢！
這麼晚了還在路邊擺攤
啊哈哈哈哈
被稱讚了耶!!
路邊攤算命師
手相
說來我還沒幫妳看相呢，怎麼好還自稱算命師…
呵呵呵
mai pen rai！
幫妳看看手相！
緊張緊張
第一次幫外國人看～
哇喔～～!!!
筆直～～
!?
驚

mai pen rai！擁有清晰筆直命運線的泰國女子

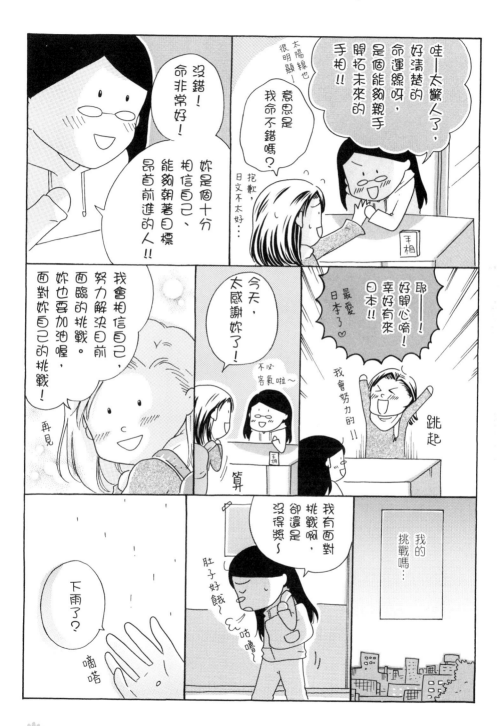

什麼！包包裡沒有摺疊傘!?
平常都有放進去呀~
算了，反正只是毛毛雨~
剛才那個女孩是怎麼說的呢…
嗯—
想起來了！
mai pen rai！
即使下雨也無所謂！
呵呵
「沒關係！」
「現在勇敢面對挑戰才最重要！」
說的一點兒也沒錯啊
不過就是一次失敗，幹嘛因此氣餒!!
mai pen rai！「沒關係！別在意」
喝！回家之後繼續畫！
加油—
加油—
驚
下雨有什麼好怕的！有種就把我淋得全身溼透呀—
這一夜，泰國女孩超棒的一句話，讓我追求夢想的鬥志再度重新燃起。
結果感冒了
咳咳
沒關係！別在意!!

老爺子的手相講座
第6篇 命運線
男性的命運線
主掌工作運，
女性的命運線
主掌工作與家庭運。
這條線應該
也是要粗
而明顯才好，
對吧，
老爺子！
命運線的話
就不一定
非如此不可囉！
命運線的紋路
淺薄且不明顯的話，
表示當事人比起工作
更適合家庭生活！
太陽線
感情線
命運線
適合當個在
老公背後默默
支持的太太！
當然，擁有粗而明顯的
命運線表示工作運很好，
具有開拓命運的力量，
但是對本人來說，
這種命運或許會太嚴苛～
甚至變成非工作不可的
狀況。
斷斷續續的
命運線，表示這個
人對於許多事物都
有極大的興趣，
但無法持續
太久。
不過!!
前途再困難也有辦法披荊斬
棘，擁有如此強悍的命運線，
也是很棒的一件事唷!!
還有，
並非沒有命運線
就表示運氣不好喔，
完全不必擔心!!
喝
不少女明星
都擁有這種
掌紋！
比較隨性的人，
掌紋中就很可能
沒有出現命運線

暖流

我常收下食物之類的禮物～
甜甜圈♡
也經常獲贈各種小謝禮。
冰淇淋
手工餅乾
飯糰
嘰嘰
那天太謝謝妳了，今天帶了一點謝禮來。
哇！謝謝你!!
腳踏車？
請收下吧！
熱氣騰騰
整鍋關東煮!!
滿滿一鍋——
啊
熱氣
熱氣
請問今天不算命嗎？
好吃極了!!
我改天再來收鍋子——

不過整鍋端回家也是挺辛苦的…

還有人會依時令以當季食材做什錦飯給我！
栗子飯
黃豆飯
端午節還有人送粽子。
大口——
算命

第 12 章

向上線冒出來了！

某天，因為來的客人不多，有大把時間都在發呆……
好閒喔～
手相
噠
噠
噠
噠噠噠
咦？有噠噠聲？
竟然有一位女性，
噠
噠
笑容滿面的朝我跑來！
噠
噠
果然在這裡!!
現身——
呼
呼
妳……妳是哪位呀？
幸好妳還在這裡～
上氣不接下氣～～
呼——
手相
啊，不好意思！我是想請妳幫我算命啦！之前看過妳在這裡擺攤……
呼——
好熱好熱

一星期前下班和友人走路回家途中
妳看！那邊有人擺了算命攤耶。
而且是個女孩！太稀奇了～
發呆中—
算命
咦？哪邊？我沒看到啊！
妳看—就在那根電線桿附近戴著眼鏡的女生呀～
哪有？沒看到妳說的人呀！妳是累過頭了吧—
咦…
只有我看得到嗎？我該不會看見什麼不該看到的東西了吧…
當時心裡很害怕，幸好妳是真的在這裡。
太好了—
不該看到的東西？
喔…
請妳一定要幫我算命，我猜想妳應該會在每週的同一天出現，今天還特地跑步過來呢！
哇～為了見我特地跑來呀～真令人開心～
當然好！讓我幫你看看吧!!
手相
算命

今天想算什麼？
我到目前為止都過得馬馬虎虎，馬馬虎虎上了大學，馬馬虎虎進了現在這家公司上班…
我想今後也會是馬馬虎虎結婚、馬馬虎虎結束這一生吧？
我絕對不想要這樣的人生啊！！
激動
驚
我覺得應該要有所行動改變一下，才會跑來這裡算命～
呵呵
一邊跑還一邊擔心，萬一妳不在這裡該怎麼辦呢！
今天看的手相如果能成為妳改變未來的契機，那就太好了。
我幫妳看看手相哦～
很普通，而且紋路不明顯…
模模糊糊～……
我看就連手相也一定是一副馬馬虎虎的模樣吧…
苦笑
唔…
看起來的確是…

唔～嗯…
雖然嘴裡喊著自己必須做點什麼改變…也想去學點才藝什麼的，卻遲遲提不起勁，就連免費體驗課程也懶得參加…
手相
真的什麼都沒有嗎？
但這一次我是下定決心要改變自己了！
閃光
噗哈——
出現了
快看！
啪
哇哦——線跑出來了呀啊啊！
大驚
天哪—我還是第一次親眼目睹掌紋長出來耶～
太恐怖了—
妳還好吧？
不好意思，沒什麼問題啦，我繼續幫妳看喲…
呵呵
我會採取行動！一定會找到目標的！
我會努力啦!!
這條線充滿了積極向上的氣息耶…

所以我會全力幫助這個孩子！
哇，好棒的一條線唷～
請問～
妳沒問題的！因為妳手中有一條超讚的線!!
是哦♡
今後無論面對任何事，妳都會充滿幹勁地接受挑戰！朝著妳有興趣的事物往前邁進吧！
哇——♡
手相
可是我目前似乎還沒對任何事產生衝勁耶，怎麼辦……
放心吧！妳今天不就為了算命跑步過來？要對自己的衝勁有信心!!
手相也會幫助妳的
妳說的對！我一定要提起勁來！
現在不做更待何時？
握拳
衝勁開關
ON
亮燈
現在馬上去報名有興趣的課程！
噠
噠
快沒時間了，我就跑步去吧！今天真的很謝謝妳呀!!
路上小心喔～～
這個女生，不論是來的時候還是離去，都充滿了幹勁呀！
又跑走了
腳程真快～
對了，那條象徵衝勁的線叫什麼線呀？
突然想起

喔——那是向上線啦!
向上線?
奮發向上朝著夢想前進時就會出現這條掌紋。
而且手相突然改變也不是件多稀奇的事,一有交往對象、婚姻線就出現的也大有人在……
或者是命運線突然變得很明顯之類的~
你說的也對。
很多人都想要有所改變,卻不知道該從何做起。
因此很需要一點暗示或契機,讓自己知道該怎麼做,
殊不知無論是暗示或契機,其實都隱身在我們的日常生活中。
差別就在於我們是否有發覺,或者假裝沒看見。
契機
暗示
契機
契機
暗示
今天這位客人反正先衝再說的舉動,便成了她自己突破現狀的契機~
妳這次的開竅,不也是因為妳自己發覺了這個契機嗎~如果沒有必要,想必妳也會跟其他友人一樣,完全看不見吧。沒興趣的東西,就算擺在眼前也會視若無睹呀!
所以只有當事人自己才看得到呀
原來如此~
是哦,我看的手相竟然變成那個女孩改變人生的契機,真開心吶!
太棒了~
嗯!
手相
算命
那一夜,突然覺得自己當天有出來擺攤真是太好了。

老爺子的手相講座
第7篇 向上線
為了夢想努力的人，
手上自然會出現向上線!!
而且是從生命線的源頭處
延伸而出唷！
成為算命界之星吧！
熱血沸騰
線會突然出現嗎？
哇！
快熱死了！
呵呵——
手相會因為心情
或行動而有改變，
一旦有了衝勁，
紋路也就跟著浮現囉！
感情線
向上線
智慧線
生命線
向上線出現的位置
不同，意義也不一樣唷！
像這種從生命線源頭出現
的向上線，表示當事人是
個具有引導眾人向前力量
的領導者！一旦有了成為
領導人的覺悟，自然會
為此努力，衝勁也就
油然而生了！
如果出現了
好幾條…
有好幾條向上線的
人表示想要挑戰的
目標太多，反而可
能因此虎頭蛇尾，
中途就放棄了。
1～2條是
最理想的♡

第13章

算命師
會幫自己算命嗎？

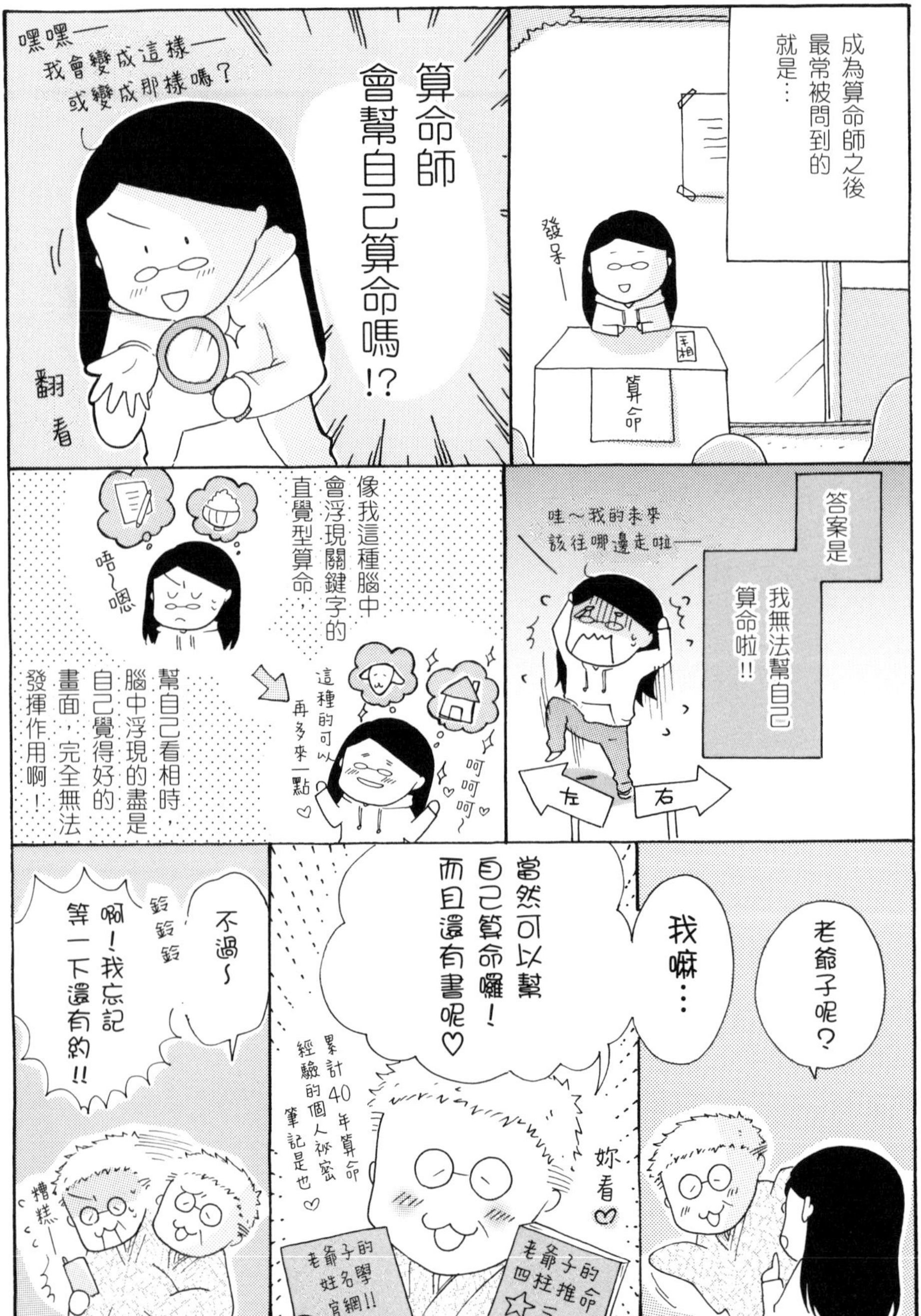
成為算命師之後
最常被問到的
就是…
發呆——
手相
算命
算命師
會幫自己算命嗎!?
嘿嘿——
我會變成這樣——
或變成那樣嗎？
翻看
答案是
我無法幫自己算命啦!!
哇～我的未來
該往哪邊走啦——
左
右
像我這種腦中
會浮現關鍵字的
直覺型算命，
唔～嗯
這種的可以
再多來一點
呵呵呵～
幫自己看相時，
腦中浮現的盡是
自己覺得好的
畫面，完全無法
發揮作用啊！
老爺子呢？
我嘛…
當然可以幫
自己算命囉！
而且還有書呢♡
累計40年算命
經驗的個人祕密
筆記是也♡
妳看♡
老爺子的
姓名學
官網!!
老爺子的
四柱推命
不過～
鈴鈴鈴
啊！我忘記
等一下還有約!!
糟糕——

先走一步～
呵呵呵呵──
什麼！別走啊老爺子!!
不過什麼啦！？
你話還沒說完耶
這老爺子真是的……
不過說來也的確，老爺子的四柱推命或姓名學，都是可以憑自己的出生日期或名字來算命…
唉──
至於手相，只要懂得每條掌紋的意義，也有辦法幫自己看手相。
手相
那些經常出現在電視節目裏靠靈力算命的人又是如何呢？
←算出會生病…
什麼！
我看見了!!
趕快去看醫生！
您去世的父親一直默默守護著您唷…
哇──嗚
落淚
←能夠傳遞祖先或往生者的訊息…
但我完全沒有靈力呀！連鬼都沒見過哩…
最怕鬼了!!!
鬼故事
某一天，正當我思考著這些具有神奇靈力的人會幫自己算命嗎？
有個店長超神奇的！我一定要帶妳去瞧瞧，等一下一起去那家店吧──♡
有個朋友熱情邀約～
這個開居酒屋的店長具有超自然力量，不但能看見幽靈，連即將發生在某人身上的事件也看得到喔！
歡迎光臨──♡讓您久等了～♡
感覺是個娘娘腔但很有女人緣
哇──♡♡
酒
酒

他幫我看相…
妳擁有非常棒的特質喔~♡
被人家守護著而且很會畫畫
太厲害——
咦
也說了些可怕的事。
之前妳睡覺時身邊其實聚集了三個靈體唷!
媽呀啊啊
您可以見到這麼多東西，想必也對發生在自己身上的事情一清二楚吧?
譬如會變成怎樣之類的…
對呀，我都知道喔
以前為了開店拚命存錢時，一旦出現「買樂透應該會中獎~」的預感，我就跑去買彩券
彩券行
中了!!
結果真的中獎了!雖然只是一張刮刮樂啦!
我超興奮的，想再多試試於是又跑去賭馬。
咦
然後呢?
老實說這種做法真的不可取~但當時的我太年輕~
也沒料到真的中獎了~心想中獎一次只能算是手氣好，於是一口氣試了三次，竟然全都中獎…
當時真蠢吶~

但我當下只是覺得自己會中獎就買了。
並不是知道號碼才下注，完全就只憑著一股「我會中獎！」的預感！
獎金到手後卻一下子就花光了～全拿去請朋友吃喝玩樂。
哇哈哈哈
當時其實滿慌張的，卻也想不出解決辦法～
當晚還發高燒，甚至被鬼壓床呢～
似乎有什麼不乾淨的東西出現了～
哈哈
好恐怖唷!!
我想這應該不是我該有的賺錢之道，所以決心腳踏實地的工作，開一家能讓客人笑口常開的店！
雖然有能力知道自己的未來，卻無法知道屆時自己的心境會是如何呀?!
所以，明白自己「想要獲得什麼樣的幸福」才是最重要的！
不論發生什麼事，都要保持平常心！遇到好事是如此，遇到壞事也要如此！
讓未卜先知的能力一路支持著自己往前走，也是一件不錯的事呢！
這個人並不只是個娘娘腔嘛～
我也是這麼想！

妳們算命師也是如此呀，擁有能夠讓人振作起來的強大影響力唷～
加油—
心裡還滿開心的
嘿嘿～
希望自己的算命能力，可以使感到不順遂或沮喪的客人重新振作起來!!
老爺子!!
呵呵呵～那天真是不好意思呀～
我真的很忙呀～
讓我繼續那天的話題吧——透過算命知道的事固然重要…
但最重要的是自己的心！對吧？
妳怎麼會知道!?
老爺子超驚訝！
我也是會成長的!!
嘿嘿嘿～
有歡笑，也有淚水，正因為這世界有太多狀況、太多種人與個性，
難道她會讀心術!?
這傢伙該不會是個超厲害的算命師吧…！
請問～可以算命嗎？
…
所以人生才會如此有趣！我會好好珍惜這種心情與態度，
繼續從事算命這個行業!!
請坐請坐♡

第 14 章

帶來能量的正面思考

那個人也差不多該來了吧～
所謂那個人
就是她！
好久不見～
這位女性一年多前第一次來算命時，就哭訴自己「好想結婚卻完全沒有對象」。
天啊——
驚慌
妳還好吧？
我這種人啊～
哇嗚嗚～
算命
妳聽我說～我現在連個對象都沒有啊～難道我真的嫁不出去了嗎？
沒有這回事啦～
總而言之，這位經常把「我這種人啊」掛在嘴上、老是負面思考的女性，每3個月就會來算一次命。
說是來算命，但話題總是在苦無對象這件事情上打轉……
這位女性每天的生活是…
7:00 起床
8:30
工作
18:00
19:30 回家
20:00 晚餐 TV 洗澡
23:30 就寢
如此周而復始！
放假日幾乎都睡到中午，接下來整天無所事事…
出門好麻煩喔～～
米果
她的婚姻線…
好淡…
要不要去參加聯誼或相親活動？
我不是很擅長這類的活動…

妳這麼不積極哪可能找到對象啦！
一開始時我是這麼想…
醒醒呀!!!
我認為最大的問題不是沒對象，
不論工作地點是室內還是室外，每個人找對象及結婚的機率都是相同的。
我老公？我們是偶然認識的啦！
電玩迷
爬山時認識了志同道合的人然後就結婚了♡
熱愛戶外運動！
當然啦，去到比較可能有對象出現的場所，機會就更多了…
最令人頭痛的是～
她的這句口頭禪
我這種人註定是個失敗者呀！
絕沒有這回事！
沒關係啦，像我這種人…
扭捏
沮喪
要改變這種自我暗示真的很難…
我左思右想…
唔～嗯
先試著透過比較具體的建議，幫助她踏出第一步。
①寫下理想對象的模樣
把妳心目中的理想對象寫下來，就有可能美夢成真喔，要不要試試看？
這裡有紙和筆！
我有個朋友就是這樣結婚的♡
真的？
手相
哇～～突然覺得好緊張唷!!好像這個人真的會出現似的♡
這種方法在家也能做耶♡

3個月後
嘖淚——
妳聽我說～
我這種人註定是個失敗者啦～
工作也老是搞砸
呵呵呵，早料到會如此！
每次來都是一樣的開場白呀！
閃光——
沒有這回事啦！運氣與心境都會隨著妳的作為而改變喔！保持好心情，好運自然也會跟著一起來！所以…
手相
於是，我又提出第二個方案…
②睡前好好稱讚一下自己！
睡覺之前，找一個當天自己很認真做的事情，好好讚美一下自己吧！以這種正面的方式作為一天的結束，隔天就能延續這種美好，展開新的一天！
今天算的雖然不是百分之百準確，但已經非常努力囉！我真的很棒！
晚安♡
像這樣！
一天的最後…通常是喝啤酒然後呼呼大睡
讚美自己之後再睡…好像從來都沒有過耶…
一日之初固然重要，一天如何結束也很重要喔！
今天的努力都是為了明天呀！
聽起來滿簡單的！
平常都是反省之後睡覺，原來要反向操作呀！這樣我應該做得到！
馬上就來試試看！
從今天開始！
一定要記得喔！
喝
嗯，雖然目前還是沒對象，但我究竟有沒有結婚運呢？
每次都會問
啊～我幫妳看一下手相吧！
手相

再過3個月，
妳還好吧？
妳聽我說～前陣子公司有人特地邀我去參加聯誼，我竟然拒絕了～
其實我好想去，但又超怕面對那種場合～
ㄅ，
嗚嗚～～
這樣下去怎麼可能會有對象啦…唉～真希望自己能夠更積極點！
抱歉——剛好有事
這樣喔～
笨蛋笨蛋！就老實說妳要去呀！
心
嗚嗚
閃光——
③朝自己想要成為的人邁進！
大家久等了！這句話出現囉
把想要成為的人用文字寫下來，就有可能變成心目中的理想模樣！
驚訝
想要成為的人！
有想成為這種人的強烈欲望，便是踏出第一步的最好時刻!!
閃亮登場!!
咦？真的這麼簡單就能改變嗎？
馬上就成功變身當然是不可能啦！
想要成為的自己
這樣的我超棒♡
寫出來後鬥志也跟著湧現了呢！
興致勃勃
重點是將夢想或理想勾勒成形，讓大腦牢記這就是我想成為的模樣！正面思考的書寫行為，可以使人萌生自信、朝著夢想而努力！
將想要成為的模樣一點一滴的灌進潛意識。
原來如此～即便只是一小步，也是一股往前推進的力量！對吧?!

和以前不同，變得很有行動力囉!!
馬上見效了嗎!?
我立刻回去試試看！
謝謝!!
啊，沒幫她看手相耶～期待她下次的出現囉～
呵呵呵
3個月後
妳聽我說～
最近我認識了一些新朋友，還一起去參加聚餐活動喔！
這個月已經參加4次了呢～♡
哇—這樣很好呀—
以前妳很怕這類聚會耶
還有還有！最近工作時也經常被誇獎耶！
興沖沖
睡前多讚美自己，對自己也逐漸產生了自信心
把想成為的自己寫下來，慢慢越寫越多，真是太有趣啦!!
漸漸很少再講出「我這種人啊」口頭禪的她
但目前還是沒有交往對象～我究竟有沒有結婚運啊？
笑容也比以往燦爛
呵呵呵呵♡
我來幫妳看看手相吧！
等到她自己發現的那一天，
啊！婚姻線比上次更明顯了!!
或許前方就有一個美麗的邂逅正等待著她呢♡
哇—♡好開心喔!!
好運要來了♡

發明。與夢想接軌的小筆記

前來算命的客人當中，
對自己沒有信心、總是抱持悲觀想法的人也滿多的。

這些人對於未來相當不安，擔心的事情也因而比一般人多。
面對這種人，
最重要的便是幫助他們改掉悲觀態度，積極正向地面對人生。

但是，究竟該怎麼做，才能讓這類型的客人變得更喜歡自己、擁有自信，
使未來朝更美好的方向前進？

我想了又想，於是請客人額外在筆記本上多寫下一些話，
說說他們想成為什麼樣的人。

重點在於讓他們寫出一些正面積極、看了會覺得開心的話。
過程中，以「想成為的人」、「夢想已成真」諸如此類，
假設一切都已經實現了的口吻來書寫。

透過書寫把夢想或想要成為的人文字化之後，
彷彿未來就在眼前逐漸成型、清晰可見，情緒也隨之振奮，
這樣的心情將成為一股力量，將人往夢想的方向推進。
托這種方法之福，不少客人的個性變得更加積極，
對於未來也開始充滿期待。

我的第一本書，
《圓夢筆記術：3 步驟讓你心想事成！》
（台灣角川）中，對於執行的方式
有更詳細的說明，敬請讀者們參考。

理想的對象

來算愛情運的人最常說的話就是～
都沒機會碰到好對象！
唉——
這時候我通常會建議她們…
把妳心中理想對象的條件，具體寫出至少20個來～
我立刻進行
有多少就寫多少
幾天後
終於把理想對象的條件全部寫出來了——
♡理想的對象♡
O型，身材纖瘦，愛看電影，熱愛戶外活動～
滔滔不絕
大聲念
竟然寫了100個！
這位小姐…
該不會打算全部念完吧？

至今寫最多的一位…

我有男朋友了♡

很多人順利交了男朋友後都會告訴我，實在太開心了！有的人還會帶來給我看呢！

第 15 章

人生七十才開始！80歲的新嫁娘

我算命時通常都是靠靈感。
說點什麼吧～
盯—
能夠真誠的面對客人、與他一起找出如何走向幸福未來的方法，這便是我想要成為的算命師。
算命時，會遇到各式各樣的客人…
這條線是新長出來的耶～
嗯嗯
算命
算命時，我也可以從中學習到一些人生的道理。
請問可以算命嗎？
而且這種情況還滿多的…
呵呵呵
可以呀，請坐
哇～氣質好高雅的婆婆唷～
真可愛的算命師呀～
可以幫我這個老太婆算個命嗎？
呵呵♡
是要問健康運吧？
當然沒問題!!
交給我吧！
呵♡
坐下
拍胸脯
雙眼發亮—
幫我看看姻緣好嗎!?

啊？
我這種老太婆來問姻緣，有點奇怪厚～
是我這個老人失禮了，抱歉——
只是嚇了一跳而已！
沒有這回事啦!! 算命和年紀完全沒關係，讓我幫您看看婚姻線吧！
拜託！
這樣嗎？
嗯！
呵呵呵～♡
那就請妳聽我說一下往日的戀情了…
當時的老太婆我還只是個18歲的小姑娘，
在田裏工作
婆婆我的老家是務農的，
附近住著一位同年紀的富家少爺。
嗯！這本書很好看喔，借妳看吧！
您回來啦！
兩人從小青梅竹馬，婆婆我也很喜歡這個少爺…
呵呵♡
嗯！

兩人彼此吸引……
和我結婚吧！
握
卻遭到富有的男方家激烈反對!!
開什麼玩笑！你是這個家未來的繼承人！
怎麼可以挑個農婦
為了他的將來著想，
啜泣
落淚
婆婆自己一人搬到遙遠的地方。
嗚哇啊～老婆婆～
兩人那麼相愛卻～
淚流滿面
嘶嗚嗚
哎呀，臉都哭醜了
手相
之後我就拚命工作，28歲時開了一間小餐館。
餐館的生意還不錯，32歲時便把餐館改成旅館。
在這家旅館裡…
終於，找到妳了！
我一直在找妳呀！
他竟然出現了！
他的父親已經去世，少爺繼承了家業，變得風度翩翩。
和18歲時一樣，
請和我結婚吧！
他又向我求婚

拍拍手
總算是完美結局
這真是個好故事呀～
哎呀，妳高興得太早囉！
啪
我拒絕他了！
什麼!!
手相
算命
嗯—
因為呀～時機已經過了，而且我得經營旅館呢！
不過他每年都會來向我求婚，沒想到50年就這樣默默流逝而去，轉眼我們都是80多歲的老人囉～
但從某一年開始，他就不再來了…
怎麼會這樣！
我啊—還以為他死了呢，原來只是住院去了。
啊哈
…
不過今天他妹妹打電話給我～
「他已經失去意識了，
醫生說
大概只剩一個月…」
什麼！然後呢？
是啊
我知道也許時間已經不多…

但只要還活著，人生就沒有任何事是來不及的，
我不希望將來後悔為何當時不去做這件事…
所以想趁他還活著的時候，把我從來沒有告訴過他的愛意讓他知道，
最後一次求婚，就由我來吧！
呵呵呵
我能夠結婚嗎？
請幫我算算吧？
可以讓我看看您的手相嗎？
好的，我幫您算算!!
人生沒有任何事是來不及的！
因為婆婆手上，
有著一條十分清晰的婚姻線吶!!
但非常晚婚就是了♡

老爺子的手相講座
第 8 篇　婚姻線

呵呵～
這是最受女性
喜愛的一條掌紋唷！

我等了
好久呢——！

看手相時最常
被單獨拿來算命的
就是婚姻線！

能夠看出戀愛、結婚
及婚後的運勢 !!

紋路既長又清晰的婚姻線
是最理想的 !!

把手掌稍微
轉到側面，
就看得更清楚了！

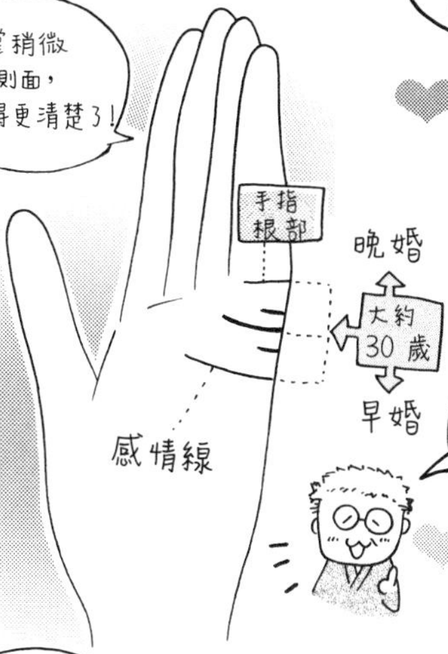

如何看婚姻線！
婚姻線位於小指第一關節
與感情線之間，若是出現在中間處，
表示 30 歲左右會出現姻緣。

紋路在中央偏下方靠近
感情線處的話有可能早婚；
在中央上方靠近小指的話則
屬於晚婚型。

如果有好幾條，
就以最清晰的一條為準！
另外，擁有複數條婚姻線
並非表示會有好幾段婚姻唷！

好的婚姻線♡

往上延伸的婚姻線
表示婚姻生活美滿！
相對的，向下的婚姻
線則顯示對於婚姻帶
有不滿的情緒…

婚姻線淡薄或
沒有婚姻線

沒有婚姻線或紋路
淡薄，表示當事者對於
結婚興趣缺缺，若是
開始想找個對象甚至有
結婚的念頭，婚姻線
就可能會出現了。

結語

時光飛逝…
現在的我已經不在那個算命攤看手相了。
一方面是老爺子實在太忙，幾乎都沒時間來，再加上老爺子也上年紀了…
上年紀
算命
不過，
我幫妳看看手相喔！
我依然持續幫大家算命。
在咖啡館看手相
有不少客人是熟客介紹來的。
抱歉，這麼突然
麻煩您了～
沒關係～
哇——好久不見～♡♡
不好意思，麻煩妳再幫我算算～
之前的客人，至今還是會來找我看手相。
哇—肚子越來越大囉！
呵呵呵
曾經因為苦無對象，老是把「我這種人」掛嘴上的那位女性
肚子變得好重～下個月就要生了～♡
即使轉換了人生舞台，算命時詢問的內容也與以往不同了，但彼此間的聯繫依舊維持不變。
這次要算小孩的名字對吧～
對呀～

打工也持續進行著……
糟糕！快遲到了!!
跑
跑
每天依舊為了打工與算命忙得團團轉。
目前在一家怪怪的雜貨店打工
麋鹿面具……有誰會想買呀
進了一大堆貨
至於我一直追尋的夢想究竟成果如何呢……
好！
成為插畫家！
恭喜您獲得B獎!!
太棒啦——!!!
圖文書迷你大賞的工作人員
第5年的春天!!!
獲獎之後作品便能集結出版。
感動落淚
《圓夢筆記術：3步驟讓你心想事成》發售中!!
圓夢筆記術：3步驟讓你心想事成！
早上比平常早起了1個小時
3個步驟讓你美夢成真
台灣角川 發行
托這個機會之福，順利地出版了這本手相書!!
喂～老爺子，想請教您關於離婚線的事情……
喔～離婚線呀～
老爺子的身體依舊硬朗
啊呵呵呵～♡

真的有人手上出現過離婚線呀！
我不是曾經遇到客人突然翻臉的情況嗎？
啊呵呵呵～我記得這回事～
當時還好靠我的話術順利解圍……
咳哼
在那之前，我從沒幫人家算過命……
當時真的嚇死我了～
所以那時候就得靠我出面啦！
因為算得不準而沮喪，
被臭罵一頓
嗯～呃…
手相
想起不愉快的往事，
筋疲力竭還得去算命。
打工後馬上接著看手相
呼嚕～呼～
醒醒啊……
手相
每天過著拚命打工卻依舊窮困的拮据生活。
打工要遲到了
在如此困頓潦倒的日子裡……
我曾經不止一次問自己：
「究竟是為了什麼要這麼執著於算命？」

好幾次我都已經決定要「放棄」了，卻又不自覺地來到攤位前。
啊呵呵～還在還在♡
唉…
總有一天，算命會助妳一臂之力的！
啊呵呵
算命嗎？會怎麼幫我…
老實說，當時的我並不了解那句話的含義…
老爺子果然神機妙算吶！
說這什麼話？我算的命當然準啊
哇哈哈
我還有出算命書呢！
ふぁ
持續看相至今的我，現在總算明白了。
面對坐在我面前、內心充滿苦惱的人，
我想盡一切辦法讓他們重新振作起來。
當他們對未來浮現希望、開心地展露笑容時，我是真的為他們感到高興，
甚至連我自己也彷佛受到鼓舞，跟著一起笑了起來！

透過算命，
我認識了許多人～
我學會了
如何體貼他人、
以及面對自己內心的
重要性，
明白了人生在世
沒有任何事情是
來不及的道理，
更學會了即便遇到困境
也能不氣餒、維持平常心，
努力活在當下的精神！
那一天，當我站在攤子前猶豫著
到底要不要幫人家算命時，
最後決定不妨試試看
然後持續在那個攤子
為客人看相，
才造就了今日的我…
我們無法預測人生，
但能夠以雀躍而期待的心情
迎接每一天的到來，
這應該就是我步上算命之途
最重要的意義吧！
手相
算命

後記

非常感謝各位閱讀這本書 !!
在我為大家算命的那段時期，生活的困頓加上對於夢想遲遲未能如願的焦慮，我自己也深受煩惱所苦，因此當時的我心中有過「現在哪還有空去幫人家算命呀！」、「幹嘛非我不可？」之類的念頭，只是當客人一出現在我面前，我就又會想著「怎麼做才能讓他變得幸福？」盡我最大的能力幫對方算命。

與客人聊天，有時也會讓我受到鼓舞；看到客人回去時臉上帶著笑容，我也會感染這股氣息，全身來勁，有時候甚至是我獲得了救贖。而且我也得到不少人的謝禮呢……。

雖然我目前已經不再幫新客人算命了，但與以前的老客戶依然保持聯繫。因為，與他們之間的羈絆，正是我這輩子最重要的財產啊。

為我開啟算命之門的老爺子，我問他：「那一天為什麼會叫住我？」
他以與平常一樣輕描淡寫的語氣回答：「嗯～就是一種感覺囉！」
「不過呀，只要能察覺這種看似微不足道的小事，人生就有可能出現大轉折喲。類似這種狀況不斷出現，大家就稱之為命運或奇蹟囉～」

的確，奇蹟的果實滿地皆是。
人與人透過交流，將心比心、設身處地為眼前之人著想，
未來自然一片光明。

對於能夠有此番機運認識老爺子，
並且有緣結識許許多多的朋友，
甚至本書能夠順利出版，我衷心感謝。
如果這本書能為讀完此書的讀者們帶來幸福，
那將是我最大的榮幸。

真的非常謝謝大家。

2013 年 1 月 卯野 TAMAGO

讓手相占卜
為你招來幸福！

作　　者／卯野 TAMAGO
翻　　譯／陳怡君
美術編輯／申朗創意
特約編輯／李韻柔
企畫選書人／賈俊國

總 編 輯／賈俊國
副總編輯／蘇士尹
資深主編／吳岱珍
編　　輯／高懿萩
行銷企畫／張莉滎．廖可筠．蕭羽猜

發 行 人／何飛鵬
出　　版／布克文化出版事業部
台北市中山區民生東路二段 141 號 8 樓
電話：（02）2500-7008　傳真：（02）2502-7676
Email：sbooker.service@cite.com.tw
發　　行／英屬蓋曼群島商家庭傳媒股份有限公司城邦分公司
台北市中山區民生東路二段 141 號 2 樓
書虫客服服務專線：（02）2500-7718；2500-7719
24 小時傳真專線：（02）2500-1990；2500-1991
劃撥帳號：19863813；戶名：書虫股份有限公司
讀者服務信箱：service@readingclub.com.tw
香港發行所／城邦（香港）出版集團有限公司
香港灣仔駱克道 193 號東超商業中心 1 樓
電話：+852-2508-6231　　傳真：+852-2578-9337
Email：hkcite@biznetvigator.com
馬新發行所／城邦（馬新）出版集團 Cité（M）Sdn. Bhd.
41, Jalan Radin Anum, Bandar Baru Sri Petaling,
57000 Kuala Lumpur, Malaysia
電話：+603- 9057-8822　　傳真：+603- 9057-6622
Email：cite@cite.com.my
印　　刷／卡樂彩色製版印刷有限公司
初　　版／2017 年（民 106）08 月
售　　價／300 元
I S B N／978-986-94994-0-8

來自
編輯部的訊息

本書內容是由發生於
2001 年～ 2011 年的故事集結而成。
如今，卯野 TAMAGO 已經不再為
新的客人算命，
敬請諒解。

TESO URANAI DE ANATA NO SHIAWASE HIKIYOSEMASU!
©2013 Tamago Uno
First published in Japan in 2013 by KADOKAWA CORPORATION, Tokyo.
Complex Chinese translation rights arranged with KADOKAWA CORPORATION , Tokyo through Owls Agency Inc.

城邦讀書花園　布克文化
www.cite.com.tw　WWW.SBOOKER.COM.TW